PROFESSOR DR. ERNST PÖPPEL
unter Mitarbeit von Silke Amthor

GEKONNT DENKEN

Medicus Wissen

PROFESSOR DR. ERNST PÖPPEL
unter Mitarbeit von Silke Amthor

GEKONNT DENKEN

Geistig fit durch den Tag und die Nacht

Medicus Wissen

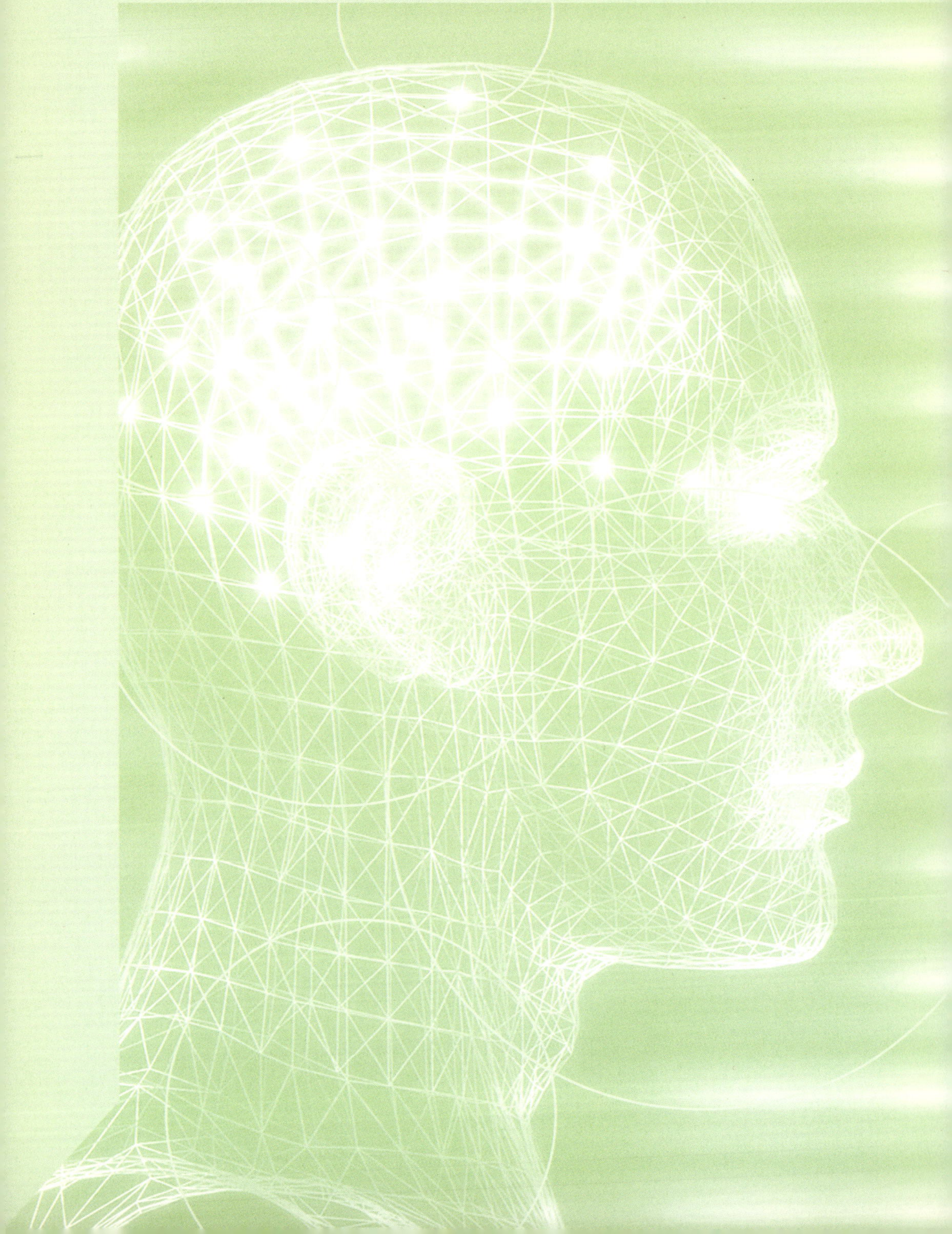

Inhaltsverzeichnis

- Einleitung ... 7
- Das Wunderwerk im Kopf: Unser Gehirn ... 9
- Timing ist alles ... 20
- Wie lernen wir denken? ... 29
- Lernen auf verschiedenen Ebenen ... 35
- Geistig fit von morgens bis abends ... 39
- Intuition – das zweite Gehirn im Bauch ... 63
- Gezieltes Training für die grauen Zellen ... 71
- Impressum ... 96

Geistig fit durch den Tag und die Nacht

Hand aufs Hirn: Können Sie sich eigentlich auf Ihren Kopf verlassen? Oder haben Sie manchmal das Gefühl, dass Ihre grauen Zellen Sie ein bisschen im Stich lassen? Egal, ob Sie noch im Berufsleben stehen, den Haushalt schmeißen oder bereits den wohlverdienten Ruhestand genießen: Denken will gelernt sein. Die zum x-ten Mal verlegte Brille, der Name, der einem einfach nicht einfallen will, der vergessene Hochzeitstag oder auch einfach das Gefühl, sich nicht mehr konzentrieren zu können oder einfach überfordert zu sein – all das verunsichert, man fühlt sich plötzlich alt, vielleicht sogar überflüssig und zweifelt an seinen Fähigkeiten. Dabei liegt die Lösung genau da, wo auch das Problem liegt: in Ihrem Kopf. Denn jeder hat das Potenzial, die mentalen Ressourcen, um geistig fit zu bleiben oder wieder fit zu werden. Sie müssen sie nur gezielt einsetzen. Denn der Kopf geht nie in Rente. Der Mensch ist das ganze Leben in der Lage, Neues zu lernen, aber auch Gespeichertes einer veränderten Umgebung anzupassen oder zu verändern.

Fit im Kopf – das bedeutet aber nicht nur schlau sein oder einen höheren IQ als andere zu haben. Ein trainiertes Hirn bedeutet auch mehr Lebensqualität. Denn die »Generation plus« ist heute nicht alt und schwach, sondern hat 20 oder 30 Jahre Zukunft vor sich, um Neues zu beginnen – für sich und andere. Geistige Mobilität und lustvolles Leben und Erleben sollten deshalb das Ziel eines jeden Tages sein. Das gilt umso mehr für all jene, die sich nach Jahrzehnten der Fremdbestimmheit im Berufsleben nun endlich Zeit für sich, Zeit für Wissen haben.

Das Buch möchte Ihnen dabei helfen, dass Ihr Gehirn bald zu Ihrem besten Freund wird, auf den Sie sich jederzeit verlassen können.

Lassen Sie sich zunächst begeistern vom Wunderwerk in Ihrem Kopf. Lernen Sie, welche Feinde die Kreativität hat und wie Sie sie besiegen können. Erfahren Sie, was das Gehirn zu welcher Zeit am besten kann, was den grauen Zellen Energie liefert und wie sich Männer- und Frauendenken unterscheidet. Und dann sind Sie bereit für die Erfolgsrezepte, die rund um die Uhr für einen klaren Kopf sorgen: morgens im Büro, während der Mittagspause, abends zuhause und sogar nachts im Schlaf. Unterstützen können Sie die zahlreichen Denk-Tipps für den Alltag dann noch mit einem gezielten mentalen Aktivitätstraining, das mit langweiligen Kreuzworträtseln garantiert nichts gemein hat.

Worauf warten Sie noch? Denken Sie los!

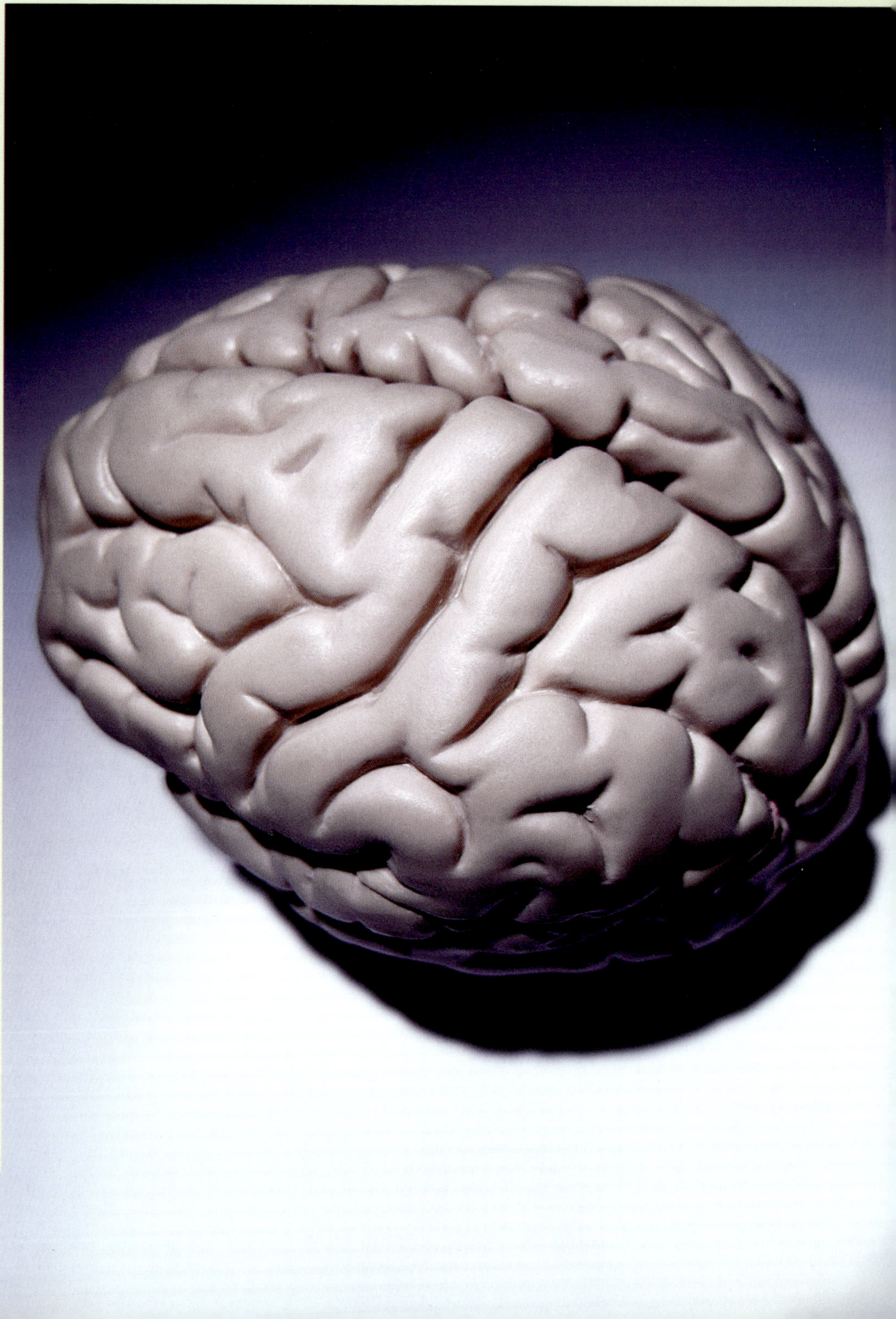

Das Wunderwerk im Kopf: Unser Gehirn

Blick unter die Decke

Es ist cremefarben, hat auf einer Handfläche Platz und wiegt rund 1,3 Kilo: unser Gehirn. Und trotz so unspektakulärer Eckdaten ist es das faszinierendste Stück Materie, das es in unserem Kosmos gibt.

Denn das Gehirn ist nicht einfach irgendein Organ im menschlichen Körper – und es ist weit mehr als eine Denkzentrale. Es regelt das sinnvolle Miteinander aller Körperteile, steuert Körperfunktionen wie den Herzschlag oder die Atmung, sorgt für richtige Bewegungsabläufe und steuert unsere Gefühle und Gedanken. Mehr noch: Es ist der Sitz unseres Ich-Seins. Mit der Leistungsfähigkeit des Gehirns kann kein Computer dieser Welt mithalten. Zwar arbeiten Forscher mit Hochdruck an Rechnern, die die Speicher- und Leistungskapazität des menschlichen Hirns erreichen. Doch das Ziel liegt in weiter Ferne, sollte es überhaupt jemals erreicht werden. Außerdem ist das Gehirn prinzipiell ganz anders aufgebaut als jeder Computer und auch die Verarbeitungsprinzipien von Informationen sind unterschiedlich zu Computerprogrammen. Eine Simulation von menschlichem Denken, Wahrnehmen, Fühlen, Entscheiden, Erinnern oder Handeln ist deshalb in weiter Ferne, wenn sie überhaupt je erreicht werden kann.

Werfen wir dazu aber zunächst einmal einen Blick unter die Decke, genauer die Schädeldecke. Um zu begreifen, was das Gehirn eigentlich zu einem Wunderwerk macht.

Das Orchester der grauen Zellen

Wir wälzen ein Problem, ein Gedanke schießt uns durch den Kopf oder wir fühlen uns plötzlich glücklich. Was passiert in solchen Momenten eigentlich in den grauen Zellen da oben? Was ist das Denken, was das Fühlen und was wissen wir über das Wissen?

Das Gehirn des Menschen ist das am weitesten entwickelte Gehirn aller Lebewesen auf der Erde. Ein Organ der Superlative! Weit über 100 Milliarden Nervenzellen befinden sich im Gehirn, jede von ihnen ist mit etwa 10 000 anderen vernetzt. Und obwohl es so viele Nervenzellen gibt, sind die Verarbeitungsmechanismen im Gehirn sehr eng miteinander verbunden. Jede Nervenzelle ist nicht weiter als maximal 4 Umschaltstationen von jeder anderen Nervenzelle im Kopf entfernt. Über 1000 Billionen Kontakte und rund eine Million Kilometer Leitungsbahnen bilden das komplexeste materielle System im Universum. Der Londoner Anatom J. Z. Young hat dieses System recht plastisch so dargestellt: »Stellen Sie sich ein Büro vor, in dem 100 Milliarden Sekretärinnen sitzen und telefonieren.« In diesem Büro ist an jedem der Arbeitsplätze eine Telefonzentrale installiert, die es erlaubt, blitzschnell eine Verbindung nach außen oder zu anderen Arbeitsplätzen des Büros herzustellen. Auch das anschauliche Bild, das der Neurologe Korbinian Brodmann vor über 100 Jahren geschaffen hat, bringt es heute noch auf den Punkt: Das Zusammenspiel der unterschiedlichen Hirnareale gleicht dem Spiel eines Sinfonieorchesters, dessen unterschiedliche Stimmen von verschiedenen Musikern gespielt werden. Denken wir beispielsweise an eine Rose, so gleichen die Denkprozesse im Gehirn einer perfekt inszenierten Sinfonie. Farbe, Aussehen, Duft der Blüte werden aus den unterschiedlichen Bereichen des Gehirns »zusammengedacht«.

Die wichtigsten Hirngebiete für das Denken und Wahrnehmen

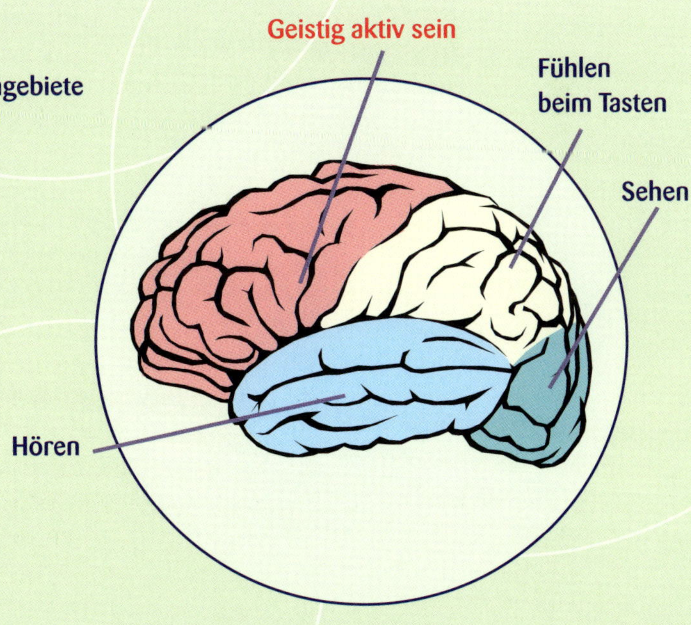

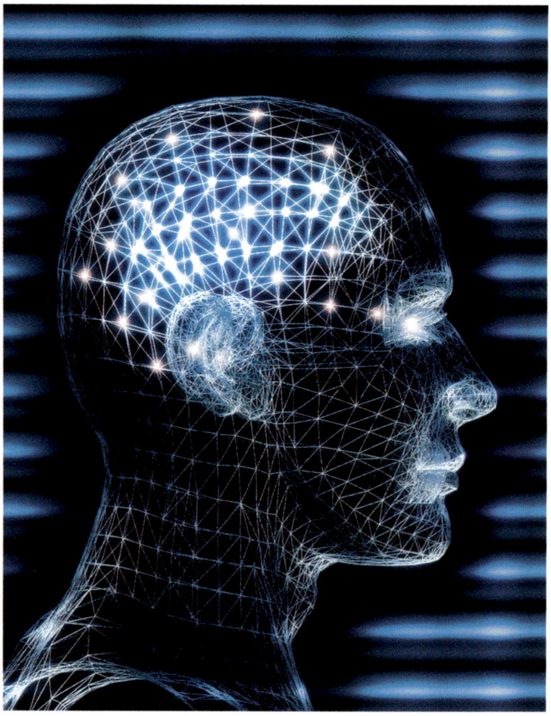

Feuerwerk im Kopf

Bei jeder geistigen Funktion sind also immer verschiedene Teile des Gehirns aktiv. Zwischen den einzelnen Nervenzellen (Neuronen) funkt es dabei ganz gewaltig. Nervenzellen sind übrigens schon vom Aussehen her ganz besondere Zellen. Vom Zellkörper aus sprießen sternförmig weit verzweigte Fasern in die Umgebung, die sogenannten Dendriten. Sie sammeln die Informationen als elektrische Signale von anderen Nervenzellen ein und leiten sie über die sogenannten Axone zu anderen weiter. Die Neuronen sind an ihren Kontaktstellen durch einen winzigen Spalt, die sogenannte Synapse, getrennt.

Diese Reizweiterleitung passiert durch sogenannte Neurotransmitter im Gehirn. Substanzen wie Glutamat, Serotonin oder Noradrenalin sind nur einige dieser Überträger. Forscher wissen heute, dass die Fähigkeit einer Synapse, Signale weiterzusenden, von Signal zu Signal gesteigert wird. Dagegen werden Synapsen, die wenig verwendet werden, immer müder und träger, bis sie schließlich ganz verschwinden.

Die neuronalen Signale werden von Zelle zu Zelle weitergegeben, bis der Impuls schließlich die Muskelzellen oder auch Drüsen erreicht. Das führt dann beispielsweise zur Bewegung eines Körperteils oder zur Ausschüttung von Schweiß. Interessant auch: Schon bei der winzigsten geistigen Funktion sind immer verschiedene Areale im Kopf beteiligt.

Ein sogenannter Geistesblitz ist daher so etwas wie ein großes Feuerwerk im gesamten Kopf.

Taktvolles Denken

Auch wenn man heute viel über das Gehirn weiß, so gibt es dennoch viele ungelöste Geheimnisse über die grauen Zellen. Wie genau wird eigentlich das Orchester im Gehirn dirigiert? Woher weiß das Gehirn beim gigantischen Feuerwerk zwischen den Zellen, welche Information wohin gehört?
Was man heute relativ sicher weiß: Nervenzellen feuern in ganz unterschiedlichem Takt. Einige 60 Mal in der Sekunde, andere sogar 100 Mal und öfter, andere wieder sehr viel weniger. Man vermutet deshalb, dass alle an einem bestimmten Gedanken beteiligten Nervenzellen ihre elektrischen Impulse im gleichen Takt senden.

Geistes-Blitz

Der Drei-Sekunden-Takt

Das Gehirn mag keine langen Sachen. Denn die Informationsverarbeitung erfolgt nach einer relativ genauen zeitlichen Organisation, nämlich in einem Zeitfenster von etwa drei Sekunden. Diese Länge ist nicht zufällig: ein Blick aus dem Fenster, der Griff zum Kugelschreiber, ein Schluck aus dem Wasserglas – all das dauert ungefähr drei Sekunden. Oder anders ausgedrückt: Alle drei Sekunden »fragt« das Gehirn: »Was ist eigentlich da draußen los in der Welt?«
Auch unsere Sprache ist übrigens durch eine zeitliche Segmentierung gekennzeichnet. Bei allen Sprachen dieser Welt werden sprachliche Einheiten verwendet, die aus etwa 10 bis 14 Silben bestehen. Das Sprechen dieser Silbenfolgen ist dabei in einem Zeitfenster von drei Sekunden implementiert. Spricht jemand sehr viel langsamer, ist man schnell irritiert. Liest jemand einen Text ab und spricht dabei üblicherweise sehr viel schneller als normal, bleibt sehr viel weniger Wissen haften.
In Bezug auf geistiges Weiterkommen bedeutet das: Wer Neues lernen will, sollte dem Gehirn deshalb am besten Drei-Sekunden-Häppchen bieten – sie werden am besten ins Langzeitgedächtnis aufgenommen.

Das Trio im Kopf

Weil das Gehirn ein so wichtiges Organ im menschlichen Körper ist, ist es auch besonders gut verpackt: In einer ziemlich festen Hülle aus Schädel-Knochen ist es relativ sicher vor Verletzungen geschützt. Das Gehirn bildet mit dem Rückenmark zusammen das zentrale Nervensystem (ZNS). Würde man ein Gehirn von oben betrachten, so fallen die zwei getrennten, fast symmetrischen Hälften (Hemisphären) auf, die um eine Art dicken Stiel, den Hirnstamm oder das Stammhirn, herum angeordnet sind. Dieser Stamm verjüngt sich und geht schließlich ins Rückenmark über. Im hinteren unteren Teil des Hirns erkennt man das wesentlich enger gefurchte Kleinhirn, das sich deutlich vom Großhirn abhebt. Grob lässt sich das Gehirn also in verschiedene Bereiche unterteilen. Jede Region hat ihre eigenen Zuständigkeiten und doch sind sie so miteinander verbunden, dass jede Region die andere auch beeinflusst. Das Stammhirn arbeitet weitgehend unabhängig von unserem Bewusstsein. Es steuert die Atmung, die Herztätigkeit, den Kreislauf und die Reflexe. Das Kleinhirn wird bei Bewegungen aktiv und sorgt dafür, dass die Muskulatur nach unserem Willen eingesetzt wird. Das Großhirn ist der Sitz der Gedanken und der Gefühle. Hier werden Handlungen geplant, Umwelteindrücke verarbeitet. Die Rindenschicht des Großhirns ist übrigens grau, deshalb sprechen wir im Zusammenhang mit Intelligenz oft von den kleinen grauen Zellen.

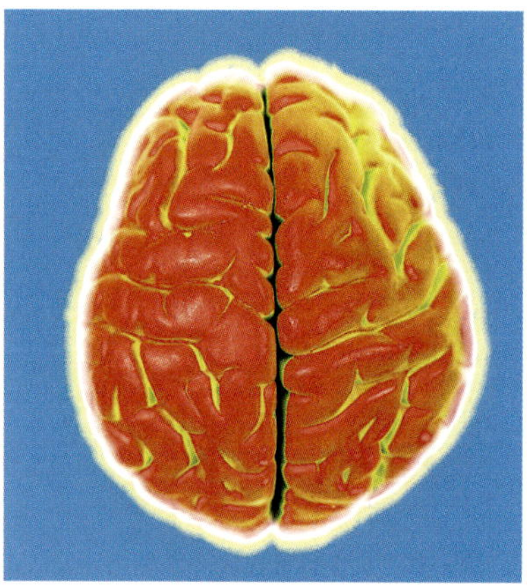

Faszination in Falten

Auffällig sind besonders die Fältelungen oder Furchen des Gehirns, die nur bei höheren Tieren und beim Menschen vorkommen. Ein cleverer Trick der Evolution. Denn durch das Falten konnte sich die Rinde des Großhirns, der sogenannte Cortex, vergrößern, ohne mit dem begrenzten Raum in einem relativ kleinen Kopf in Konflikt zu geraten. Stellen Sie sich das ungefähr so vor, als ob man ein

Gut zu wissen

Zeige mir Deinen Kopf . . .
Über das Wunder im Kopf machen sich die Menschen seit langem Gedanken – mit teilweise erstaunlichen und heute kurios anmutenden Theorien.

So prägte der österreichische Anatom Franz Gall 1796 den Begriff der Phrenologie. Anhand der individuellen Kopfform glaubte er den Charakter eines Menschen ablesen zu können. Gall war überzeugt, dass jede menschliche Fähigkeit einen festen organischen Sitz im Gehirn hat. Gall ging anfangs von 27 verschiedenen Charakterzügen aus, später kamen noch fünf weitere hinzu, so etwa die »Liebe zum eigenen Nachwuchs«, der »Sinn für Humor« oder das »Gefühl für Tonfolgen«.

Die Phrenologie wurde zu einer richtigen Modeströmung. Sie war beliebt, weil durch sie scheinbar etwas konkret messbar war und weil sie keine schwierigen abstrakten Vorstellungen erforderte wie etwa das Konzept der Seele.

Stück Papier zusammenknüllt. Zum Vergleich: Der Cortex einer Ratte hätte auseinandergefaltet die Größe einer Briefmarke, der eines Schimpansen die eines Din-A-4-Papiers, die Oberfläche des menschlichen Hirns dagegen erstreckt sich auf gleich vier solcher Bögen!
Man nimmt daher an, dass ein Zusammenhang besteht zwischen der Ausdehnung der Großhirnrinde und der Fähigkeit, wie spezifisch und flexibel ein Individuum auf eine komplexe Situation reagiert. Oder: Je größer der Cortex, um so besser wird das Lebewesen in der Lage sein, eigene Gedanken zu haben.

Bildender Künstler Gehirn

Ein klassischer Satz der Philosophie lautet: Nichts ist im Geiste, was nicht vorher in den Sinnen war. Dabei ist das Gehirn mit seinen informationsverarbeitenden Systemen weit mehr als ein passiver Filter für Reize von außen, sondern es hat gestaltende Kraft. Ein bekannter Beleg für diese These sind doppeldeutige Figuren, bei denen man je nach Einstellung verschiedene Dinge sehen kann: etwa eine Vase oder eben zwei Gesichter, die sich anschauen. Man kann nie beides zugleich sehen, aber willentlich zwischen den beiden Sichtweisen hin und her schalten. Dies gilt übrigens für alle Sinnessysteme, nicht nur für das Sehen. Was jeweils gesehen, gehört oder empfunden wird, ist wesentlich mitbestimmt durch vorangehende Aktivitäten.

Der Feind der Kreativität liegt im Kopf

Allerdings ist das Gehirn auch »faul«. Denn was uns jeweils bewusst ist, was wir wahrnehmen, denken oder entscheiden, ist jeweils eine Bestätigung oder ein Ablehnen einer Hypothese (eines »Vor-Urteils«), das in einem gegebenen Augenblick besteht. Denn normalerweise ist es für das Gehirn nicht notwendig, die Welt in jedem Augenblick neu zu entdecken. Die grauen Zellen gehen eher von einer Kontinuität und Homogenität von allem, was passiert, aus. Und daran hat sich das Gehirn im Laufe der Evolution angepasst. Dieses Spar-Prinzip bewirkt aber auch, dass das Gehirn mit der Verarbeitung von Informationen überfordert sein kann, wenn etwas Unerwartetes auftritt. Dieses Ökonomie-Gesetz des Wahrnehmens und Denkens ist deshalb der stärkste Feind der Kreativität. Um kreativ zu sein, muss man deshalb von Zeit zu Zeit aus dem gewohnten Rahmen heraustreten.

So einfach ist das alles nicht

Der wichtigste Fehler, den man in Bezug auf die Kreativität machen kann, ist, die Dinge zu einfach zu sehen. Wir haben die Tendenz, immer nach nur einer bestimmten Ursache für einen Sachverhalt zu suchen. Man kann sogar sagen, dass wir alle an der Krankheit »Monokausalitis« leiden. Fast alles, was im Beruf und im Privatleben als Problem auftritt, ist aber durch mehrere Faktoren bestimmt. Die Suche nach nur einem Faktor, der alles bestimmen soll, engt von vornherein unsere Kreativität ein.
Die zweite Bremse in Sachen Kreativität liegt in unserer individuellen Natur. Jeder Mensch hat eine persönliche Prägung und damit auch sein persönliches Weltbild mit Dingen, die er als wertvoll oder weniger wertvoll ansieht. Diese individuellen Maßstäbe werden geeicht – und unsere Vorurteile festgelegt. Zu feste Maßstäbe aber hindern uns daran, aufgeschlossen zu sein. Da verschiedene Menschen verschiedene Bewertungskriterien haben, lässt sich gemeinsame Kreativität nur erreichen, wenn man um die eigenen Vorurteile weiß und offen für die des anderen ist. Deshalb macht es durchaus Sinn, vom »kreativen Zuhören« zu sprechen.

Nicht immer wird man verstanden

Die dritte Fehlerquelle ergibt sich aus dem Kommunizieren selbst, besonders aus der Sprache. Kommunikative Fehler entstehen dadurch, dass das, was uns durch den Kopf geht, nicht angemessen verbal oder nonverbal umgesetzt werden kann.

Ein kreativer Einfall mag allein deshalb nicht von anderen aufgenommen werden, weil er nicht ausgesprochen werden kann, weil man also nicht jene Form von Kommunikation findet, die von anderen verstanden wird. Das ist übrigens auch ein Grund dafür, dass man im kreativen Gespräch oft zeichnet. Man möchte damit den Gedanken visuell Ausdruck verleihen.

Eine persönliche Anmerkung: Um kreative Einfälle nicht zu verlieren, habe ich alle Türen bei mir im Institut für medizinische Psychologie an der Münchener Ludwig-Maximilians-Universität in Tafeln verwandelt, auf denen man schreiben und zeichnen kann. Ich empfehle Ihnen daher, in einem kreativen Büro eine große Tafel oder einen Flip-Chart aufzustellen, um einen Einfall festzuhalten oder neue Gedanken gemeinsam mit Kollegen zu entwickeln.

Fehler können aber auch in der nonverbalen Kommunikation liegen, besonders, wenn Vertreter verschiedener Kulturkreise aufeinander treffen. Ein bestimmter Gesichtsausdruck, eine Bewegungsweise kann zu einem falschen Urteil führen. Das habe ich selbst in Verhandlungen mit ostasiatischen Kollegen erlebt.

Timing ist alles:

Was kann das Gehirn zu welcher Tageszeit am besten?

Viele Menschen wachen morgens immer zur gleichen Zeit auf, andere sind pünktlich zu den »Tagesthemen« garantiert hundemüde. Kein Wunder, denn jeder Körper ist mit einer inneren Uhr ausgestattet. Die Wissenschaft, die sich mit dem Ticken dieser Uhr beschäftigt, nennt sich Chronobiologie. Wenn wir mit unserer inneren Uhr im Einklang leben, fühlen wir uns fit und ausgeglichen. Leben wir jedoch gegen sie, bekommen wir schnell die negativen Auswirkungen zu spüren. Etwa, wenn man am Wochenende ausschlafen könnte, dennoch wie jeden Morgen gegen halb acht wach ist und sich regelrecht zwingt, noch einmal einzuschlafen. Wacht man dann später auf, fühlt man sich oft wie zerschlagen.

Zeit-Reisen

Noch deutlicher wird das bei einer Reise über mehrere Zeitzonen hinweg.

Der so genannte Jetlag bezeichnet die Schwierigkeit des Körpers, sich an die neuen äußeren Umstände anzupassen. Man wacht je nach Reiseland mitten in der Nacht putzmunter auf, weil der Körper glaubt, es sei schon Morgen. Oder ist bereits nachmittags unglaublich müde, weil die innere Uhr »Mitternacht« signalisiert. Der Körper ist nicht auf die Ortszeit eingestellt und braucht in der Regel rund einen Tag, um eine Stunde Zeitverschiebung zu kompensieren.

Doch es gibt kleine Tricks, die helfen, besser mit dem Jetlag fertig zu werden. Bei Reisen Richtung Westen sollte man nach der Ankunft erst abends ins Freie gehen. Das Abendlicht bewirkt, dass der innere Tag verlängert wird. An den folgenden Tagen zeitig ins Bett gehen und tagsüber nicht schlafen. Bei einem Trip gen Osten sollten Sie erst dann ins helle Licht gehen, wenn die »innere Nacht«, berechnet nach dem Zeittakt des Abflugorts, fast vorüber ist. An den Folgetagen sollte man abends lange aufbleiben. Die Zeitumstellung fällt meist etwas leichter, wenn man die Uhr bereits beim Start des Flugzeugs auf die neue Ortszeit stellt und sich danach richtet.

Unterschiedliche Schwingungen

Jeder menschliche Körper schwingt in einem ganz persönlichen Rhythmus, der etwa zwischen 22 und 27 Stunden variiert. Eingebettet in einen normalen 24-Stunden-Tag fügen sich verschiedene Chronotypen sehr unterschiedlich ein. Extreme wie sehr zeitig aufstehende Lerchen oder nachtaktive Eulen, die kaum ins Bett finden, sind allerdings selten. Die meisten Menschen würden ohne »Stundenplan« von außen zwischen 0:30 und 8:30 schlafen, so die Auswertung eines deutschen Chronotypen-Fragebogens von Till Roenneberg (dem führenden Forscher auf dem Gebiet), den mehr als 30 000 Menschen beantwortet haben.

Der Kern der Sache

Taktgeber der inneren Uhr ist übrigens das Licht. Die Schaltzentrale dafür liegt – natürlich – im Gehirn. Dort sitzt ein kleiner, nur reiskorngroßer Bereich, der so genannte Suprachiasmatische Nucleus (SCN). Dieser SCN pulsiert eigenständig im Takt des Tages. In Experimenten wurde Ratten dieser Kern entfernt. Nach kurzer Zeit brach der Biorhythmus zusammen, die Ratte pendelte ständig zwischen Schlafen und Wachen. Im SCN werden die Lichtreize, die über das Auge wahrgenommen werden, verarbeitet und dann weiter zur Zirbeldrüse (Epiphyse) geleitet. Diese wiederum sorgt unter anderem für die Ausschüttung von Botenstoffen wie etwa dem »Schlaf-Hormon« Melatonin. Außerdem regelt das System aus SCN und Zirbeldrüse die Körpertemperatur, den Blutdruck und wichtige Stoffwechselvorgänge im Körper.

Der SCN und damit dieser »Lichtsinn« wurde übrigens erst 1972 entdeckt.

Tag oder Nacht – die Uhr tickt immer anders

Im Mittelpunkt der Chronobiologie steht der Einfluss von Tag und Nacht auf den menschlichen Körper, gesteuert vom circadianen Rhythmus. So in etwa ticken wir:

4 Uhr: Aufwachen, bitte!

Auch wenn Sie sich zu dieser frühen Stunde am liebsten noch dreimal umdrehen: So langsam bereitet sich der Körper auf den Übergang vom Schlummer zum Wachsein vor. Deshalb werden immer größere Mengen der »Munter-Stoffe« Cortisol und Adrenalin ins Blut ausgeschüttet.

6 Uhr: Lust auf die Lust

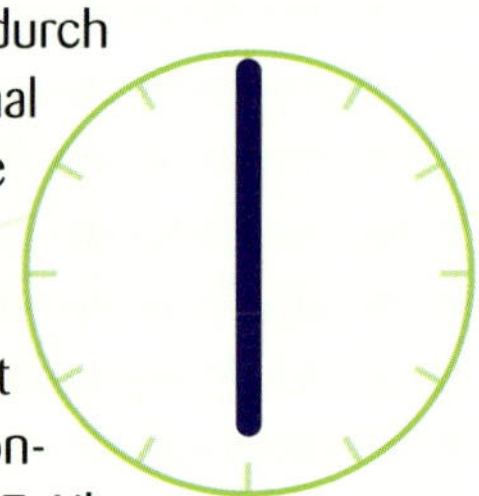

Jetzt fluten Cortisol und Adrenalin geradezu durch unseren Körper, die Menge ist rund sechsmal so hoch wie in der Nacht. Das erhöht die Abwehrkräfte, stärkt das Immunsystem und soll dem Körper helfen, mit dem täglichen Stress besser klarzukommen. Auch die Lust auf Sex ist jetzt besonders groß, denn die Konzentration von Sexualhormonen hat gegen 7 Uhr morgens ihren Höhepunkt.

10 Uhr: Zeit zum Denken

Statt des zweiten Frühstücks sollten Sie jetzt – wenn möglich – eine Runde Sport einlegen. Zwar hat der Körper jetzt nicht unbedingt ein Leistungshoch, kann aber Übungen besonders gut bewältigen, in denen es um Kondition und Koordination geht. Zwischen 10 und 11 ist unser Gehirn außerdem besonders gut durchblutet. Wir sind besonders kreativ und konzentriert, besonders das Kurzzeitgedächtnis funktioniert jetzt prima.

12 Uhr: Immer schön langsam

Jetzt wird der gesamte Körper etwas träger. Die Zellteilung geht langsamer, die Hauterneuerung lahmt ein bisschen. Der Blutzuckerspiegel sinkt, der Säurespiegel des Magens steigt an. Wir werden zunächst hungrig – und danach leider müde. Tipp: Machen Sie es wie Einstein und halten Sie nach dem Mittagessen einfach einen Power-Nap. Experten haben festgestellt, dass schon eine kurze Siesta von 20 Minuten Wunder wirkt und sogar das Herzinfarkt-Risiko senkt. Damit Sie jedoch nicht in einen Tiefschlaf fallen, aus dem Sie hinterher nur mühsam wieder aufwachen, hilft folgender Trick: Nehmen Sie ein Schlüsselbund in die Hand, bevor Sie sanft wegdösen. Sobald Sie in den Tiefschlaf fallen sollten, entspannt sich die Muskulatur, die Schlüssel fallen klirrend aus der Hand – und Sie sind wieder putzmunter!

13 Uhr: Kleiner Abwärts-Trend

Jetzt sinken Blutdruck und Hormonspiegel, manchmal geht auch die Laune in den Keller. Das typische Nachmittagstief sieht man manchen Menschen sogar richtig an: Ein fahler Teint und kleine Knitterfältchen zeigen auch die Ermüdungserscheinungen der Haut an.

14 Uhr: Schmerzlose Sache

Der Körper ist jetzt besonders schmerzunempfindlich, unangenehme Zahnarztbesuche überstehen wir jetzt besser als morgens oder am Abend. Auch anstrengendes Krafttraining meistern die meisten jetzt besser als zu anderen Zeiten.

15 Uhr: Das neue Hoch

So langsam kommt der Körper wieder in Schwung, Blutdruck und Kreislauf funktionieren wieder perfekt. Schweiß- und Talgdrüsen arbeiten jetzt ebenfalls auf Hochtouren.

16 Uhr: Sportlich, sportlich

Sie könnten jetzt Bäume ausreißen, stimmt's? Der Körper hat um diese Zeit sein zweites Leistungshoch des Tages erreicht. Wenn's die Zeit erlaubt, sollten Sie jetzt ein bisschen Sport treiben. Schwimmen, Radeln, Joggen, Walken oder Inline-Skaten haben jetzt einen doppelt so großen Trainingseffekt wie am Vormittag und die Ausdauer ist besonders stark.

18 Uhr: Ganz entspannt im Hier und Jetzt

Jetzt ist die Zeit zum Relaxen, Blutdruck und Puls sinken. Gönnen Sie sich einen Saunabesuch oder machen Sie Entspannungsübungen (siehe Seite 47)

20 Uhr: Zeit für Dinner-Cancelling

Wer jetzt auf die Waage steigt, bekommt meist einen kleinen Schreck. Denn um diese Zeit haben wir leider unser Höchstgewicht.

Ab neun Uhr schaltet der Magen- und Darmtrakt übrigens auf Nachtruhe um, deshalb am besten spät nur noch wenig essen.

21 Uhr: Ein Gläschen in Ehren

Zeit für ein Glas Wein oder Bier mit Freunden. Keine Sorgen, Alkohol verträgt der Körper zu dieser Zeit relativ gut, weil die Leber ihn jetzt besonders gut abbauen kann.

22 Uhr: Zeit für Reparaturarbeiten

Die Haut arbeitet jetzt auf Hochtouren und startet ein phantastisches Regenerationsprogramm. Die Zellen teilen sich achtmal schneller als zur Mittagszeit, Hautschäden werden entdeckt und repariert.

Der Schlaf vor Mitternacht ist der gesündeste, heißt es immer. Heute wissen Forscher, dass an diesem Mythos wenig dran ist. Denn wichtig ist vor allem, dass der Körper ausreichend viele Tiefschlafphasen in der Nacht ungestört durchleben kann. Relativ schnell nach dem Einschlafen schon rutscht man in die erste dieser Tiefschlafphasen. Ob diese erste »Runde« allerdings vor oder nach Mitternacht stattfindet, ist völlig egal.

24 Uhr: Allergiker, aufgepasst!

Jetzt werden alle Körperfunktionen wie Stoffwechsel, Blutdruck, Herzschlag und Körpertemperatur zurückgefahren. Die Reizempfindlichkeit des Körpers wächst dagegen. Allergische Reaktionen wie Asthma-Anfälle treten in der Nacht am häufigsten auf und auch die Haut

reagiert wie eine Mimose und ist rund hundertmal empfindlicher als tagsüber gegen 14 Uhr.
Wenn Baldrian & Co. nicht helfen, sollten Sie sich professionelle Schlafhilfe suchen. Rund 200 Schlaflabors gibt es in Deutschland, die helfen können, der Schlaflosigkeit ein Ende zu bereiten. Mittels Messung verschiedener Körperfunktionen und Überwachung per Video kommen die Ärzte den meisten Schlafproblemen in zwei oder drei Nächten auf die Spur und können so gezielt Gegenmaßnahmen einsetzen.

1–4 Uhr:
Um ungefähr 2 Uhr nachts wird die Zirbeldrüse aktiv. Sie gibt das Hormon Melatonin ab, das unter anderem unseren Schlaf-Wach-Rhythmus steuert. Melatonin wird jedoch nur ausgeschüttet, wenn es dunkel ist. Wer sich also die Nacht in einer hellen Bar oder im Büro um die Ohren haut, bringt unweigerlich seine Hormonproduktion und damit seinen Körper-Rhythmus durcheinander.

Sommer-Menschen, Winter-Menschen?

Doch unsere innere Uhr ist nicht nur abhängig von Tag und Nacht, sie tickt im Winter anders als im Sommer. Auch während der Jahreszeiten ist das Licht wieder der Taktgeber, den das Gehirn wahrnimmt.
In der lichtarmen Jahreszeit sind Menschen meist antriebsärmer, brauchen nach Ansicht von Schlafforschern sogar eine halbe Stunde mehr Schlaf. Im Winter sind wir zudem anfälliger für negative Emotionen, bei manchen Menschen wirkt sich die dunkle Jahreszeit sogar extrem, beispielsweise in Form von Winter-Depressionen aus, auch saisonal abhängige Depression (Seasonal Affective Disorder, SAD) genannt. Sie tritt immer ungefähr zur gleichen Zeit auf, Frauen scheinen überwiegend davon betroffen zu sein. Therapieren lässt sich die Winter-Depression – was liegt näher – mit Licht. Dabei kommen spezielle Tageslichtlampen zum Einsatz, deren Lichtstärke bis zu 25-mal so intensiv ist wie eine normale Glühlampe in der Wohnung. Über zwei Wochen müssen sich Menschen mit Winterdepres-

sionen jeweils am Morgen und am Abend vor diese Lampen setzen. Mit gut hergestellten Johanniskraut-Extraktwirkstoffen aus der Apotheke geht eine seelische Verstimmung ebenfalls meist recht gut weg.

Moderne Zeiten – der Feind der inneren Uhr

Früher lebten die Menschen weitgehend im Einklang mit ihrem Bio-Rhythmus, die innere Uhr lief weitgehend parallel zur natürlichen Länge des Tages. In den Industrienationen dagegen sind die Grenzen zwischen Tag und Nacht, Sommer und Winter inzwischen verschwommen. Wir arbeiten bei Kunstlicht oft bis in die späte Nacht, müssen in aller Frühe zum Schichtdienst antreten, gehen immer seltener bei Tageslicht spazieren oder jetten womöglich beruflich zweimal im Monat nach New York. Kurz: Wir leben oft im Konflikt zwischen unserer inneren Uhr und dem Stundenplan, der uns von außen vorgegeben ist. Das bleibt nicht ohne gesundheitliche Folgen: Viele von uns fühlen sich permanent müde, überfordert, wie ausgebrannt und sind reizbar.
Mein Rat deshalb an Unternehmen: Arbeitszeiten sollten flexibler und toleranter gestaltet werden, denn sie sind bisher eher für die Minderheit der Frühaufsteher zugeschnitten. »Mehr Licht«, beispielsweise für Schichtarbeiter, hieß jetzt auch eine Forderung anlässlich eines internationalen Kolloquiums der Daimler-Benz-Stiftung zur Chronobiologie in Berlin. Das Problem beginnt übrigens schon in jungen Jahren, wie Till Roenneberg immer betont: Ein Schulbeginn um 9 Uhr wäre optimal, wie ihn auch andere europäische Länder haben. Denn bei uns wird leider häufig schon unterrichtet, wenn für die innere Uhr der Schüler noch Nacht ist.

Gefährlicher Schlafmangel

In den letzten 100 Jahren hat sich die Schlafdauer der Menschen in der westlichen Welt um ein Fünftel verringert. In den USA häuft mittlerweile jeder Erwachsene ein Schlafdefizit von

500 Stunden an. Und tatsächlich nimmt die Zahl von Unfällen und Erkrankungen, die im direkten Zusammenhang mit Schlafmangel und Schlafproblemen stehen, dramatisch zu. Ob der Reaktorunfall von Tschernobyl, der Beinahe-GAU im Atomkraftwerk von Harrisburg/USA oder die Havarie des Öltankers »Exxon Valdez« – in allen Fällen waren die Verantwortlichen übermüdet oder sogar eingeschlafen.
Und in einer Studie über Unfälle auf bayerischen Autobahnen wurden zwei Drittel durch übermüdete Fahrer verursacht. Gefährlich – und teuer dazu: Experten schätzen die Folgekosten von Schlafstörungen weltweit auf rund 400 Milliarden Euro.

Gut zu wissen

Medizin im Takt der Zeit
Auch die moderne Medikamentenforschung orientiert sich mittlerweile am Biorhythmus des Menschen.
So sind heute schon Blutdruckmittel auf dem Markt, die zwar vor dem Schlafengehen eingenommen werden müssen, aber erst kurz vor dem Aufwachen wirksam werden. Dann nämlich, wenn der Kreislauf in Schwung kommt und das Herzinfarkt-Risiko am größten ist.
Auch in Sachen Krebsforschung setzen Chronomediziner auf die innere Uhr. So hat Francis Lévi vom Hospital Paul Brousse in der Nähe von Paris herausgefunden, dass die Schädlichkeit von Chemotherapeutika je nach Tageszeit um das Achtfache variiert. Verblüffenderweise stellte er fest, dass die Medikamente dann besonders wirksam gegen Krebs sind, wenn sie dem Rest des Körpers am wenigsten schaden.
In der Studie mit 1500 Darmkrebs-Patienten trugen die Probanden einen tragbaren Mini-Computer mit zwei bis drei Medikamenten, die zur jeweils optimalen Tageszeit injiziert wurden.
Das Ergebnis gab dem Forscher Recht: Die Wirksamkeit der Chemotherapeutika stieg von 29 auf 66 Prozent, die Nebenwirkungen fielen geringer aus.

Wie lernen wir denken?

Rundumausstattung von Anfang an

Neugeborene kommen bereits mit der fast kompletten Anzahl von Nervenzellen auf die Welt. Dennoch ist das Gehirn eines Säuglings natürlich nicht so leistungsfähig wie das eines Erwachsenen. Das liegt daran, dass die meisten Verbindungen zwischen den Nervenzellen noch nicht ausgereift sind. Mit den ersten Lauten, dem ersten Krabbeln oder den ersten Schritten, kurz mit jeder neuen Fähigkeit, die ein Kleinkind im Rahmen eines genetisch genau festgelegten Plans erlernt, kommen neue Verbindungen zwischen den Nervenzellen hinzu. Doch auch in der gesamten Kindheit, in der Pubertät und darüber hinaus entstehen immer neue Verbindungen zwischen den Nervenzellen. Denn alles, vom Erlernen des Schreibens und Lesens über eine differenziertere Sprache bis hin zur Ausbildung der Persönlichkeit, fordert das Hirn und fördert neue Nervenbahnen. Dieser Prozess ist in manchen Gegenden des Gehirns erst lange nach der Pubertät abgeschlossen, das Gehirn ist jetzt erst sozusagen komplett. Jede Nervenzelle ist nun mit rund 10 000 Artgenossen verbunden, das Netz der Leitungen ist sehr dicht.

Lernen ein ganzes Leben lang

Natürlich sind wir dennoch in der Lage, Neues zu erlernen. Bereits bestehende Verbindungen werden dafür genutzt und leicht verändert. So ist sichergestellt, dass das Erlernte auch gespeichert wird. Das Problem: Setzen wir unser Gehirn keinen großen Herausforderungen und Reizen aus, bilden sich ungenutzte Nervenbahnen zurück, das Gehirn wird langsamer und träger. Man kann sich das wie mit Muskeln vorstellen, die nicht benutzt werden. Sie verkümmern und bringen nicht mehr die volle Leistung. Ein vernachlässigtes Gehirn rächt sich auf seine Weise: mit Vergesslichkeit, Konzentrationsproblemen und Aufmerksamkeitsstörungen.

Ich hab's gleich ...

Im Vorderhirn sitzt das, was wir als fitten Kopf bezeichnen, der Arbeitsspeicher. Er wird auch »Kurzzeitspeicher« genannt. Und das aus gutem Grund: Im Arbeitsspeicher bleiben Infos nur wenige Sekunden lang und verschwinden dann wieder. Den Arbeitsspeicher könnte man auch als Managementzentrale des Gehirns bezeichnen. Hier laufen Wahrnehmungen von außen und Erinnerungen aus dem Gedächtnis zusammen, werden verglichen, neu zusammengesetzt und für Entscheidungen herangezogen. Wenn wir etwas lesen, ist es in diesem Moment unmittelbar bewusst verfügbar. Erinnern wir uns auch noch Stunden später an das Gelesene, ist es nicht mehr im Arbeitsspeicher, sondern bereits im Langzeit-Gedächtnis. Dort bleiben gespeicherte Informationen über Minuten, Monate oder sogar Jahre erhalten. Dort sind sie dann mittelbar vorhanden und können mit Hilfe des Arbeitsspeichers aktiviert und abgerufen werden. Ein oft anstrengender Vorgang, der viel Energie kostet.

Energie fürs Hirn

Jeder Motor braucht Treibstoff, damit er reibungslos läuft. Das gilt natürlich in besonderem Maße für das Super-Kraftwerk Gehirn. Nährstoffe werden von den grauen Zellen zehnmal so schnell wie im gesamten übrigen Körpergewebe in Ruhe verbraucht. Eine Hirnregion in Aktion verbraucht sogar noch deutlich mehr. Zum Funktionieren braucht das Gehirn zwei Dinge: Sauerstoff und Glukose (Traubenzucker). Bekommt das Gehirn nur wenige Minuten keinen Sauerstoff, stirbt es. Sind beispielsweise während eines Schlaganfalls bestimmte Hirnareale nicht oder nur unzureichend mit dem Powerstoff versorgt, sind oft schwerwiegende Sprach-, Seh- oder Bewegungsstörungen die Folge.

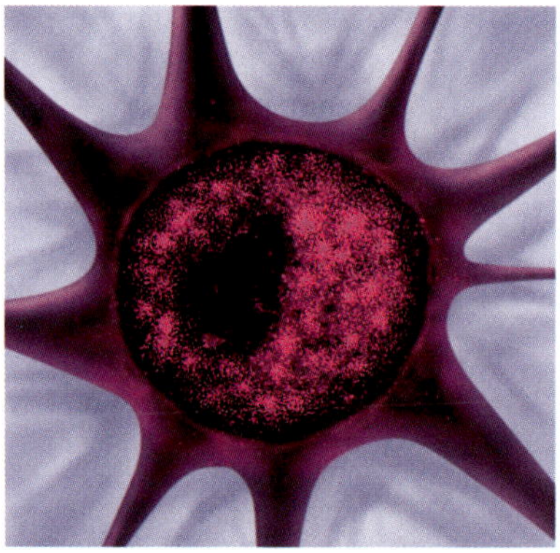

Nervenzelle mit angefärbten Mitochondrien

Die Glukose gewinnt das Gehirn aus den Kohlehydraten, die wir mit der Nahrung zu uns nehmen. Traubenzucker steckt beispielsweise in Brot, Nudeln, Reis, Kartoffeln, aber auch in Gemüse und Obst.

Um aus Glukose Energie zu gewinnen, braucht das Hirn kleine Verbrennungsöfchen. Diese Mini-Kraftwerke stecken in den Nervenzellen und werden Mitochondrien genannt, bis zu 1000 dieser Energiezentralen hat jede Zelle zur Verfügung. Damit nicht sofort alle Energie freigesetzt wird, gibt es eine energiespeichernde Verbindung, das Adenosintriphosphat (ATP).

Weniger Energie, mehr Feinde

Wenn wir älter werden, arbeiten die Heizöfchen allerdings immer weniger effektiv. Zudem entstehen bei der Verbrennung Nebenprodukte, die so genannten Freien Radikale. Das sind sehr reaktionsfreudige Sauerstoff-Moleküle. Diese Übeltäter schädigen einerseits die Außenhaut der Mitochondrien, die für die Energieumsetzung eine besondere Rolle spielt. Und sie haben es auf die DNA, also die Erbsubstanz in den Kraftwerken abgesehen. Irgendwann um die 50 merken wir dann, dass wir weniger leistungsfähig sind, uns zerstreuter fühlen und auch neue Fähigkeiten nicht mehr so einfach erlernen wie noch in jüngeren Jahren. Gerade der Arbeitsspeicher im Vorderhirn verkleinert sich bei mangelnder geistiger Beschäftigung. Schon ein mehrtägiger Krankenhausaufenthalt, eine Kur oder auch ein Urlaub, in dem man so richtig schön faulenzt, lassen den Kurzzeitspeicher regelrecht verkümmern. Bei untätigen Menschen im Ruhestand ist er bis zu 30 Prozent kleiner als bei aktiven Gleichaltrigen. Andererseits lässt er sich auch bereits innerhalb weniger Tage wieder vergrößern und zu neuen Leistungen anregen.

Zahlreiche Tipps dazu finden Sie in diesem Buch in den folgenden Kapiteln. So erfahren Sie, wie wichtig Entspannung und Schlaf für einen klaren Kopf sind. Welche Lebensmittel echtes Hirn-Futter sind.
Wie Sie Ihr Büro so gestalten, dass Geistesblitze überhaupt entstehen können. Und wie Sie Ihre grauen Zellen mit dem grünen Wunder Ginkgo wieder in Schwung bringen können (mehr über Ginkgo-Extrakt erfahren Sie ab Seite 50).

Ausbaufähiger Kopf

Unser Gehirn ist zu jeder Zeit »nachrüstbar«. Entgegen der alten Ansicht, Nervenzellen wachsen nicht nach, haben Neurologen jetzt herausgefunden, dass sich die grauen Zellen in manchen Arealen das ganze Leben lang teilen können. Und auch die Verbindungen zwischen den Nervenzellen können zu jedem Zeitpunkt umgebaut und erweitert werden.
Mehr noch: Werden einzelne Hirnareale beispielsweise nach einem Schlaganfall geschädigt, können vermutlich andere Regionen die Funktionen mit übernehmen oder die Effizienz der noch verbliebenen Nervenzellen in den geschädigten Gebieten wird erhöht.
Umgekehrt führen manchmal nur minimale Störungen im Gehirn zu schweren Schädigungen, wenn insbesondere Verbindungswege unterbrochen werden.

Was lernen wir wann?

Das Gehirn von Kindern ist ein wahrer Turbo-Künstler. Denn die Kleinsten lernen in wenigen Monaten mehr als jeder Student in vier Jahren. Doch Kinder lernen nicht nur Sachen innerhalb kürzester Zeit, sie können sogar Dinge, die Erwachsene nicht können. Dafür muss das Hirn allerdings auch besonders viel leisten. Wissenschaftler haben den Energieverbrauch im Hirn von Dreijährigen gemessen und festgestellt, dass es doppelt so viel Treibstoff braucht wie das Hirn von Erwachsenen. Neugeborene beispielsweise sind kleine Sprach-Genies. Ein japanisches Baby kann beispielweise die Laute »R« und »L« voneinander unterscheiden, japanische Erwachsene können das nicht mehr. Experten nehmen sogar an, dass jeder Säugling auf der Welt alle Laute jeder menschlichen Sprache unterscheiden kann.

In einer US-Studie mit sechs Monate alten kanadischen Babys kam heraus, dass die Neugeborenen indische Hindi-Laute voneinander unterscheiden können, die sich für ihre Eltern alle gleich anhören.

Kinder lernen noch anstrengungslos. Das ist später nicht mehr möglich, da die Lernprozesse dann in bereits festgelegten Hirn-

strukturen ablaufen. Mir liegt persönlich sehr viel am Sprachenlernen. Wenn wir in einem neuen Europa zusammenwachsen wollen, dann müssen wir anstrengungslos mit anderen kommunizieren können und dazu gehört sprachliche Kompetenz. Jeder kann – und sollte – bereits in der Kindheit mindestens drei Sprachen lernen. Nämlich die Muttersprache, Englisch und eine weitere. Über sprachliche Kommunikation erschließen sich dann auch die anderen Kulturräume.

Lernen auf verschiedenen Ebenen

Denken Frauen anders als Männer?

Eins ist klar: Frauen und Männer schneiden bei Intelligenz-Tests beim Lösen von bestimmten Aufgaben unterschiedlich ab. Doch was steckt dahinter? Einige Wissenschaftler sind überzeugt, dass die Gene Schuld am großen kleinen Unterschied sind. Andere meinen, dass Mädchen und Jungen schlicht durch ihre Umwelt und Erziehung unterschiedlich geprägt sind und so zu männlichen oder weiblichen Denkern heranwachsen. Doch auch ein dritter Faktor scheint nicht unerheblich daran beteiligt, wie wir denken: unsere Hormone, genauer die Sexualhormone.
Sie entscheiden bei einem Embryo im Mutterleib darüber, ob er sich zu einem Jungen oder Mädchen entwickelt. Das Männlichkeits-Hormon Testosteron sorgt dafür, dass sich die männlichen Geschlechtsorgane ausbilden und hat vermutlich auch direkten Einfluss auf die Entwicklung des Gehirns – und das auch in der Zeit nach der Geburt. So hat man bei weiblichen Ratten beobachtet, dass sie eindeutig männlicheres Spielverhalten zeigten, wenn man ihnen direkt nach der Geburt Testosteron gespritzt hatte.

Hormone beeinflussen das Hirn

Wenn Hormone vor und direkt nach der Geburt Einfluss auf unser Denken haben, so könnte der Hormonspiegel auch bei Erwachsenen die kognitiven Fähigkeiten entscheidend mitbestimmen. Und: Auch den Bau des Gehirns bestimmen die Hormone mit und führen so zu Unterschieden zwischen männlichen und weiblichen Hirnen. So hat beispielsweise der Balken, der die rechte mit der linken Hirnhälfte verbindet (Corpus Callosum), bei Frauen am hinteren Ende eine Verdickung. Daraus schließen Wissenschaftler, dass das weibliche Gehirn deshalb Informationen effektiver mit beiden Hirnhälften verarbeiten kann als das männliche.

Sprach-Hoch in der Zyklusmitte

Auch die relativ großen hormonellen Schwankungen im weiblichen Zyklus beeinflussen das Gehirn. Er ist entscheidend durch die Hormone Östrogen, Progesteron und LH (luteinisierendes Hormon) bestimmt. In der ersten Hälfte des Zyklus' übernehmen die Östrogene die Herrschaft. Ihr Spiegel steigt mit Beginn der Menstruation kontinuierlich an und erreicht seinen Höhepunkt um den 15. Zyklustag. Dann kommt es durch den Einfluss des LH zum Eisprung.
Nach dem Eisprung entwickelt sich das zurückgebliebene Eibläschen zum sogenannten Gelbkörper, der besonders in der ersten Woche der zweiten Zyklushälfte verstärkt das Hormon Progesteron bildet. Dieses Hormon soll das Einnisten der befruchteten Eizelle in die Gebärmutterschleimhaut fördern.
In der Zeit nach dem Eisprung arbeitet das Gehirn besonders »weiblich«, beide Gehirnhälften zeigen annähernd die gleiche Aktivität. Jetzt sind besonders die sprachlichen Fähigkeiten auf dem Höhepunkt, Vorträge und Reden fallen Frauen jetzt besonders leicht.
Kommt es nicht zu einer Schwangerschaft, geht die Progesteronproduktion wieder zurück, die Blutung setzt ein. In dieser Zeit arbeitet das weibliche Gehirn ähnlich dem männlichen. Das räumliche Wahrnehmungsvermögen ist jetzt besonders gut ausgeprägt.

Wenig Mann – viel Hirn

Der männliche Hormonspiegel ist ebenfalls Schwankungen unterworfen, wenn auch nicht so gravierenden. Dennoch ändert sich die Menge des Testosterons im Blut sowohl im Laufe des Tages als auch über den Verlauf des Jahres.
Morgens kreist besonders viel des Männlichkeitshormons durch den Körper, im Herbst ist der Spiegel besonders hoch, im Frühling sind Männer in Sachen Hormone im Tief.
Männer schneiden übrigens in der Regel bei Intelligenztests auf verschiedenen Ebenen am besten ab, wenn ihr Testosteronspiegel eher niedrig ist.

Geistig fit von morgens bis abends

Die Erfolgsrezepte für einen klaren Kopf

Auf den vorangegangenen Seiten haben Sie gelernt, wie Ihr Wunderwerk im Kopf funktioniert und welch komplexe Leistung das Denken doch ist. In diesem Kapitel finden Sie jede Menge Tipps & Tricks, mit denen Sie Ihr Hirn fit halten können, die Konzentrationsfähigkeit verbessern, kurz: den grauen Zellen eine Verjüngungskur anbieten können. Beachten Sie dabei allerdings, dass die Methoden eine unterschiedliche Wertigkeit haben. So ist regelmäßiges, moderates Hirntraining entscheidender als eher seltene geistige Höhenflüge. Eine ausgewogene Ernährung beispielsweise ist in ihrer Effektivität nicht mit der Kraft des Hirnwunders Ginkgo gleichzusetzen.
Und guter, tiefer Schlaf alleine macht Sie noch nicht zum Denk-Genie.
Entscheidend ist deshalb eine sinnvolle Kombination der hier vorstellten Denk-Hilfen.
Zudem sollten Sie wissen, dass Sie in jeder, wirklich jeder Minute des Tages etwas für Ihre mentale Fitness tun können. Direkt nach dem Aufstehen etwa, wenn Sie statt zu einem fettigen Croissant mit Marmelade zu einem Obstsalat mit Frischkäse zum Frühstück greifen – echtes Hirnfutter. Das nächste Mal dann auf dem Weg zur Arbeit, wenn Sie in der U-Bahn eine kleine, aber knifflige Denksportaufgabe lösen. Oder wenig später im Büro, indem Sie eine Stunde lang ohne jegliche Störung durch Kollegen oder Telefongeklingel wirklich konzentriert arbeiten können. Auch die Mittagspause lässt sich kreativ nutzen. Neben einer leichten, eiweiß- und kohlehydratreichen Mahlzeit sind Entspannungs-Übungen ideal. Nach Feierabend ist ein wenig Sport ideal, um auch die grauen Zellen zu trainieren. Oder wie wäre es statt Dauerberieselung durch den Fernseher oder des Surfens durchs Internet mal mit einem wissenschaftlich geprüften Online-Programm, mit dem Sie Ihre geistige Leistungsfähigkeit spielerisch und mit viel Spaß trainieren können. Nach einem leichten Abendsnack mit hochwertigen Fetten ist dann die Reise ins Traumland angesagt. Und selbst dann, also völlig passiv, können Sie noch im Schlummer etwas Gutes für Ihre grauen Zellen tun. Vorausgesetzt, Sie kennen die Tricks und Tipps, die für einen erholsamen Schlaf sorgen.

Tagsüber: Bürostrategien

Denk-Mal für die Arbeit

Wo verbringen wir die meiste Zeit des Tages? Richtig, im Büro. Und deshalb ist es so wichtig, dieses Umfeld so zu gestalten, dass Kreativität (und die hat jeder von uns) sich optimal entfalten kann, wir damit objektiv einen Beitrag für andere leisten und sich subjektiv unsere Lebenszufriedenheit erhöht. Zunächst einmal: Wir sind von Natur aus ortsverankerte Wesen. Wir brauchen für die Entfaltung unserer Möglichkeiten Sicherheit – und diese Sicherheit wird uns dann gegeben, wenn wir uns irgendwo heimisch fühlen. Ein Büro sollte deshalb ein persönlicher Ort sein, mit dem ich mich identifiziere. Denken Sie mal daran, was Sie zuerst ausbreiten, wenn Sie einen neuen Arbeitsraum in einer Firma beziehen: vielleicht ist es der Bilderrahmen mit persönlichen Fotos, vielleicht der heiß geliebte Briefbeschwerer aus Muranoglas oder auch ein Glücksbringer, ohne den ein Arbeiten fast undenkbar wäre. Dieses Ausbreiten von persönlichen Gegenständen ist auch ein Inbesitznehmen eines Reviers und signalisiert: »Hier sitze jetzt ich«.

Der Blick in die Welt

Was sind nun aber die äußerlichen Merkmale eines kreativen Büros? Zunächst einmal ganz wichtig: der Ausblick. Ich muss aus dem Raum hinausschauen können. Mit dem Hinaussehen wird eine Verbindung mit der Außenwelt hergestellt und aufrecht erhalten. Der Blick durch das Fenster ist also nicht (nur) dazu da, den Geist in die Ferne schweifen zu lassen, sondern auch, ihn im eigenen Raum zu verankern, um sicherzustellen, wo man sich gerade in der Welt befindet. Ähnlich wie der Blick aus dem Fenster ist der Blick auf ein Bild. Ich kenne eigentlich keine Büroräume, in denen nicht Bilder an der Wand hängen, und diese Bilder haben normalerweise nichts mit dem unmittelbaren Aufgabengebiet zu tun. Meist sind es Bilder, die einen privaten Bezug haben und damit den Raum in eine persönliche Umwelt formen (in meinem Büro hängen bildliche Kommentare zu meinem wissenschaftlichen Weg an der Wand).

Leerer Schreibtisch – Leere im Hirn?

Es gibt Menschen, bei denen außer einem Stift und einem Block nichts auf dem Schreibtisch liegt. Sie behaupten, durch die Leere besser arbeiten zu können. Ich bezweifle das. Ein leerer Schreibtisch mag Ausdruck von Ordnung sein, er ist aber auch manchmal ein Ausdruck mangelnder Flexibilität und einer gewissen Distanz zur eigenen Arbeit; man will sie quasi aus dem Weg haben. Wenn man jedoch nicht immer alles gleich wegräumt, sondern die Dinge, mit denen man sich gerade beschäftigt, vor Augen behält, kann man die Arbeit nach einer Unterbrechung leichter wieder aufnehmen. Stellen Sie sich das Ganze ein bisschen wie eine Fährte vor, die bereits gelegt ist und nicht erst wieder neu gesucht werden muss. Hier wirkt sich auch wieder die Ortsgebundenheit des Denkens aus: Bestimmte Dinge müssen immer an derselben Stelle im Büro ausgebreitet sein. Ich kenne eine Schriftstellerin, die für jeden ihrer verschiedenen Texte, an denen sie arbeitet, einen eigenen Schreibtisch hat. Das ist wichtig, weil sonst der Faden der Kreativität in den einzelnen Projekten abreißen würde.

Einzelkämpfer oder Teamarbeiter?

Für manche Menschen ist ein Einzel-Büro das einzig Wahre, andere lieben es, mit anderen den Arbeitsraum zu teilen. Wichtig ist meiner Meinung nach, dass beim Teilen von Büros bestimmte Regeln eingehalten werden. Für bestimmte Arten von Arbeit, wie etwa das technische Abarbeiten von Aufgaben, mag es sogar vorteilhaft sein, wenn mehrere zusammenarbeiten, aber auch hier muss es eine Möglichkeit der Privatsphäre geben. Dazu ein persönliches Beispiel: Als ich bei der Marine war, hatten wir auf dem Segelschulschiff Gorch Fock nur ein kleines Fach für unsere Wäsche als persönlichen »Raum«; verständlich, dass auch dieser sofort mit individuellen »Duftmarken« versehen wurde.

Im Hinblick auf Kreativität ist das Teilen eines Raumes eine ganz besondere Herausforderung, die stark vom sozialen Zusammenspiel der Partner abhängt. Zu große persönliche Distanz hemmt, aber auch zu große persönliche Nähe kann lähmen. Wenn außer der Arbeitswelt andere (z. B. persönliche) Interessen geteilt werden, kann es in der Kommunikation unvorhersehbar zu einem Rollenwechsel kommen, der für die gemeinsame aufgabenbezogene Konzentration störend ist. Wenn die Beteiligten ein gemeinsames Ziel verfolgen und nur dies ihr Thema ist, und wenn soziale Rituale eingehalten werden, sich also auch in Ruhe zu lassen, dann mag ein Teilen möglich sein. Ganz anders stellt sich das Problem für Großraumbüros, die aufgrund der Größe wieder individuelle Zonen ermöglichen.

Geistesblitz

Nicht ohne meinen eigenen Schreibtisch

Immer mehr Unternehmen beschäftigen freie Mitarbeiter, die häufig jeden Tag an einem anderen Schreibtisch Platz nehmen müssen. Dazu ein kleiner Exkurs zur Forschung über die Navigation im Raum: Man unterscheidet hier zwei Sichtweisen, die egozentrische und die exozentrische Perspektive. Wenn wir uns einen Raum zu eigen machen, so nehmen wir eine egozentrische Perspektive ein, aus der heraus wir die Welt betrachten. Bei der exozentrischen Perspektive wird uns dagegen ein Platz auf der Landkarte zugeteilt, mit dem wir uns aber nicht identifizieren können. Navigationssysteme in Autos arbeiten übrigens mit jeweils einer der beiden Lösungen – was unterschiedlich gut bei Benutzern ankommt.

Wenn man also die Kreativität fördern will, ist der Verzicht auf das individuelle Büro eine schlechte Lösung. In entpersönlichten Bürolandschaften können vielleicht Aufgaben abgearbeitet werden, sie sind jedoch kein Ort für Geistesblitze und gehen zudem von einem Menschenbild aus, in dem wir als beliebig instrumentalisierbar gesehen werden.

Gut zu wissen

Zeit ohne Unterbrechungen

Ständiges Telefongeklingel, unterbrochen von der Ansage »You've got mail« Ihres Computers und dem Kollegen, der gerade jetzt etwas besprechen möchte – da fällt es schwer, sich zu konzentrieren. Versuchen Sie deshalb, sich auch im Büro echte Ruhe-Zeiten zu schaffen, wo Sie nur in dringenden Fällen gestört werden dürfen. Ich gehe sogar so weit zu sagen: Würde ganz Deutschland jeden Tag zwischen 11 und 12 Uhr nicht telefonieren, gäbe das den größten Innovationsschub, den man sich vorstellen kann.

Kreativität auf einer Ebene

Immer wieder werde ich gefragt: Wo sollten Büros eigentlich liegen? Als ich am MIT, dem Massachusetts Institute of Technology in Cambridge (USA), arbeitete, hörte ich von einem bedeutenden Wissenschaftler: »Kreativität findet in einem Radius von 50 Metern statt«. Und ich möchte hinzufügen: Kreativität entfaltet sich besonders gut, wenn man es nur mit zwei Dimensionen zu tun hat. Wenn man erst in ein anderes Stockwerk gehen muss, um sich mit jemandem auszutauschen, findet schon ein Einbruch der Kreativität statt. Man denkt und handelt in der Ebene – und hierbei spielt der Türrahmen eine wichtige Rolle. Wieviele gute Gespräche finden im Türrahmen statt: Man hat etwas gesagt und beim Hinausgehen fällt einem noch etwas ein. Ein bekanntes Phänomen übrigens für viele Ärzte, dass der Patient beim Hinausgehen das Wichtigste sagt. Der Türrahmen ist in gewisser Weise auch ein Symbol: Wenn man kreativ gewesen ist, dann muss man durch die Tür gehen und es anderen sagen. Wirkliche Kreativität kann nicht eingeschlossen bleiben, sie will mitgeteilt werden. Diese Überlegungen stellen natürlich besondere Anforderungen an die Baupläne von Bürogebäuden, Universitäten oder Forschungsinstituten. Ich reagiere manchmal recht aggressiv, wenn ich Architekturen sehe, die vorgeben, nur Funktionalität zu repräsentieren und dabei das menschliche Maß vergessen haben.

Ich denke, also geh' ich

Was sind noch weitere Bedingungen für Kreativität? Vieles hängt mit grundlegenden biologischen Bedürfnissen zusammen. Viele Menschen müssen sich bewegen, damit ihnen etwas einfällt. Ein Büro sollte deshalb genug Platz bieten, um darin auf und ab zu gehen. Ich kenne eine Wissenschaftlerin, die im engsten Kreis geht, nur um kreativ denken zu können. Vielleicht sollten wir nicht vergessen, dass mit dem Gehen die kreativsten Leistungen des Abendlandes verbunden sind. Der altgriechische Philosoph Aristoteles und seine Schule werden auch die Peripatetiker genannt, weil sie das kreative Denken im Gehen besorgten. Und schließlich: Mit vollem Magen denkt es sich nicht gut. Am kreativsten sind wir, wenn wir etwas hungrig sind. Und zwar im doppelten Sinne: nach Essen und nach Wissen.

Zwischendurch: Volle Konzentration
Neue Power fürs Hirn

Vom kleinen Exkurs über die Chronobiologie auf den Seiten 20 bis 27 wissen Sie, dass das Gehirn über den Tag Höhen und Tiefen durchmacht. Falls Sie während des Jobs gerade einen Durchhänger haben: Hier sind Übungen, mit denen Ihr Geist während des Tages schnell wieder fit wird.
Sie helfen einerseits dabei, zu entspannen und außerdem die beiden Hirnhälften zu synchronisieren. Dadurch kann man sich wieder besser konzentrieren.

Wechselspiel

Halten Sie einen Finger in ca. 50 Zentimetern Entfernung vor Ihr Gesicht. Schauen Sie dann abwechselnd auf den Finger und in die Ferne (am besten Blick aus dem Fenster). Wichtig: Stellen Sie Ihren Blick bei beiden Objekten scharf. Wechseln Sie rund 10 Mal zwischen Finger und Ferne hin und her.

Gib acht!

Stellen Sie sich in der Phantasie eine liegende Acht vor, die etwa in Augenhöhe vor Ihnen schwebt. Schreiben Sie mit Hilfe von Augen- und Kopfbewegungen diese Acht mehrmals nach. Neben einer Augenentspannung hilft die Übung, die beiden Hirnhälften zu synchronisieren – man kann sich wieder besser konzentrieren.

Weg durchs Labyrinth

Diese Übung hilft auch, wenn Sie im Arbeitschaos mal den Überblick verloren haben. So geht's: Malen Sie sich ein Labyrinth auf ein weißes DIN-A4-Blatt. Folgen Sie dann den Linien langsam mit den Augen. Blinzeln Sie dabei so oft wie möglich, um die Produktion von Tränenflüssigkeit anzukurbeln.

Klopf, klopf

Reiben Sie die Hände aneinander und schütteln Sie die Finger aus. Schließen Sie die Augen und klopfen Sie mit den Mittelfingern sanft die Partie um die Augen ab, als ob Regentropfen fallen würden. Atmen Sie dabei tief durch die Nase ein und durch den geöffneten Mund wieder aus.

Den Blick schärfen

Legen Sie die gewölbten Handflächen über die geschlossenen Augen, die Finger kreuzen sich an der Stirn. Warten Sie einen Moment, öffnen Sie dann die Augen und schauen Sie bis zu fünf Minuten ins Dunkle. Schließen Sie die Augen wieder und nehmen Sie die Hände weg, Augen langsam öffnen, blinzeln und gähnen Sie ruhig dabei.

In der Mittagspause: Relaxing
Der Kick für den Kopf

Das Gehirn kann nur rund 90 Minuten volle Leistung bringen. Dann ist eine Pause nötig. Denn nicht nur Anregung ist für das Gehirn wichtig. Gerade in hektischen Zeiten braucht der Kopf auch kleine Auszeiten. Entspannung heißt das Zauberwort. Täglich Tagebuch schreiben, einfach mal mit sich und seinen Gedanken alleine sein, abends den Tag in Bildern Revue passieren lassen – all das hilft, die Kreativität des Gehirns zu fördern. Auch diese nachfolgenden Übungen können beim Relaxen helfen und sind ein wunderbarer Kick für den Kopf:

Mit beiden Beinen auf dem Boden

Erdung haben – dieses Gefühl kommt in Stresszeiten leider oft abhanden. Bodenhaftung bekommen Sie mit der sogenannten Grounding-Methode, erfunden von dem amerikanischen Psychotherapeuten Alexander Lowen. So funktioniert's: Stellen Sie sich barfuß oder auf Strumpfsocken mit hüftbreit gespreizten Beinen hin, lassen Sie die Arme locker hängen. Die ganze Fußsohle sollte sicher und fest auf dem Boden stehen. Stellen Sie sich dann vor, wie ein imaginärer Faden Sie am Kopf sanft in Richtung Decke zieht. Stellen Sie sich vor, dass Ihr Körper – unten fest am Boden verankert – unaufhaltsam Richtung Decke wächst. Bleiben Sie zwei, drei Minuten so stehen und genießen Sie das starke Gefühl. Atmen Sie dabei tief durch die Nase ein und durch den geöffneten Mund wieder aus.

Druck gegen Druck

Der Schwede Edmund Jacobson erfand vor rund 90 Jahren die Progressive Muskelrelaxation (PMR). Das Prinzip ist so simpel wie genial: Sie können alle Muskelgruppen des Körpers damit bearbeiten und bringen sich damit nach und nach in einen Zustand wunderbaren Entspanntseins. Alles, was Sie tun müssen, ist, einen oder auch mehrere Muskeln mit aller Kraft rund vier Sekunden anzuspannen und dann abrupt loszulassen. Sie können dazu auch kurz die Luft anhalten und beim Entspannen des Muskels tief und laut hörbar mit einem »Pffffft« durch den Mund ausatmen.

Ideal ist es, wenn Sie nach der Entspannung einer Muskelgruppe eine kurze Pause machen und dann erst zur nächsten Körperpartie weitergehen.

Jogging: Kick fürs Immunsystem

Egal ob Sie joggen, einen Spaziergang machen oder auch nur einen Putz-Marathon zuhause abhalten: Bewegung entspannt prima. Dabei werden nämlich Stresshormone abgebaut und gleichzeitig Glücks-Botenstoffe, die sogenannten Endorphine, freigesetzt.

Sogar das Immunsystem, das in Stresszeiten oft empfindlich angekratzt ist, bekommt einen Push: Bereits nach einer halben Stunde Bewegung erhöht sich die Anzahl der Killerzellen im Blut, die Keime vernichten, signifikant.

Von der Nase ins Hirn

Düfte können unser Gehirn nachgewiesenermaßen positiv beeinflussen, beim Entspannen helfen oder die Kreativität fördern. Erschnuppert die Nase ein Duftmolekül, erreicht es viele Millionen Riechzellen und Milliarden von Nervenbahnen jenes Teils des Gehirns, der unter anderem für Emotionen und Erinnerungen zuständig ist: das sogenannte Limbische System. Dort wird – sehr vereinfacht ausgedrückt – der Duft mit einem bestimmten Gefühl verknüpft und im Gedächtnis gespeichert. Bis zu 10 000 solcher Verbindungen kann das menschliche Gehirn aufnehmen und jederzeit wieder abrufen.

Gute Entspannungs-Düfte sind übrigens Lavendel, Kamille oder Neroli, die die Produktion des körpereigenen Botenstoffs Serotonin anregen.

Das stimulierende Wachmach-Hormon Noradrenalin reagiert dagegen auf Aromen wie Rosmarin, Zitrusnoten und Wacholder.

Blockaden abbauen

Die Chinesen schwören auf Akupressur, die Japaner gehen Stress mit Shiatsu aus dem Weg. Beides sind Druckpunktmassagen, hinter denen ein Gedanke steht: Der Körper ist mit Energiebahnen durchzogen, auf denen die Lebensenergie, das Chi oder Qi, fließt.

Sind diese Bahnen beispielsweise durch Stress blockiert, kann die Energie nicht mehr richtig fließen, man fühlt sich unwohl oder wird sogar krank. Mit speziellen Druckpunktmassagen bei einem erfahrenen Shiatsu- oder Akupressurspezialisten soll die Energie wieder in Fluss gebracht werden. Zum Selbermachen gibt es jedoch einen SOS-Griff gegen Stress: Drücken Sie mit dem rechten Daumen den Punkt, der auf dem linken Handrücken unterhalb des Daumenknochens liegt. Sie spüren ihn deutlich als kleine Einbuchtung, die Asiaten nennen ihn auch »Tal der Ruhe«. Drücken Sie ihn ca. zehn Sekunden lang, lassen Sie zwei Sekunden locker und pressen Sie dann für zehn Sekunden wieder etwas fester. Sechsmal hintereinander, dann ist die andere Hand dran.

Alpha-Entspannung

Normalerweise funkt unser Gehirn tagsüber auf der Beta-Welle mit Schwingungen zwischen 14 und 30 Hertz. Einen Zustand fast meditativer Ruhe erreicht man auf der Alpha-Ebene mit Schwingungen zwischen 7 und 13 Hertz. Dabei müssen die beiden Hirnhälften durch spezielle Konzentrationsübungen in Einklang gebracht werden, so dass sie in den gleichen Frequenzen schwingen.

Keine leichte Aufgabe, Zen-Mönche schaffen es manchmal, durch jahrelange Meditationsübungen diesen Zustand völliger Losgelöstheit und Ruhe zu erreichen.

Wenigstens in die Nähe kommen Sie aber mit folgender Übung: Legen oder setzen Sie sich ganz entspannt hin, schließen Sie die Augen und zählen Sie in Gedanken langsam rückwärts von zehn bis eins. Atmen Sie dabei tief durch die Nase ein und durch den geöffneten Mund aus, sagen Sie zu sich selber »Ich bin ganz ruhig, ich fühle mich warm und sicher.« Wenn Grübeleien auftauchen, sollten Sie sie mit langsamem Rückwärtszählen von zehn bis eins verscheuchen. Wenn Sie genug haben, zählen Sie von eins bis zehn, recken und dehnen Sie sich dabei ruhig. Manche Menschen fühlen sich danach so wach und fit wie nach einem stundenlangen Schlaf.

Gut zu wissen

Die geheimen Stresssignale des Körpers

- Heißhungeranfälle
- Verletzungen aus Unachtsamkeit
- Magenprobleme
- Keine Lust auf Sex
- Verstärkte Neigung zu PMS
- Immunschwäche
- Rötungen der Haut
- *Nächtliches Zähneknirschen*
- *Muskelverspannungen, Rückenschmerzen*
- *Kopfschmerzen*

Rücken-Relax

Wenn der Rücken nach einem langen Tag am Computer schmerzt und der Nacken ganz verspannt ist, hilft folgender Relax-Quickie: Knien Sie sich auf den Boden, beugen Sie den Oberkörper nach vorne. Legen Sie Stirn und die verschränkten Oberarme auf einem gefalteten Handtuch ab. Schließen Sie die Augen und lassen Sie die Wirbelsäule einfach durchhängen.

Morgens und am Abend: Ginkgo
Mehr Energie fürs Gehirn

Zu Anfang des Buches haben Sie gelesen, zu welchen Höchstleistungen das Gehirn in jeder Sekunde fähig ist. Jede künstliche Intelligenz verblasst dagegen. Doch für diese Rekordarbeit brauchen die Nervenzellen natürlich Energie. Und natürlich brauchen die Hirnzellen aufgrund ihrer aufwändigen Funktion besonders viel »Treibstoff«, d. h. Energie. Davon lesen Sie gleich mehr.

Vorab ein Wort über einen wichtigen Stoff, den Sauerstoff. Wir nehmen ihn mit jedem Atemzug zu uns. Er ist unverzichtbar. Bekommt das Gehirn diesen wichtigen Stoff schon für wenige Minuten nicht, stirbt es. Selbst kurzfristige Unterversorgungen von bestimmten Hirnarealen mit dem Powerstoff können zu schwerwiegenden Bewegungs-, Sprach- oder Sehstörungen führen. Der Schlaganfall ist das beste Beispiel dafür.

Allerdings ist die Sauerstoffversorgung des Gehirns innerhalb des Körpers mit einer Art Vorfahrt geregelt. Daraus folgt, dass wir die Sauerstoffversorgung des Gehirns nur in ganz engen Grenzen beeinflussen können und sich das Gehirn normalerweise mit dem Sauerstoff versorgt, den es braucht.

Volle Kraft voraus

Anders ist es mit der Energie selbst. Die Energieversorgung der Nervenzellen ist ein spezielles Thema. Die Hirnzellen stellen sie selber her, in jeder Nervenzelle sitzen dafür bis zu 1000 kleine Kraftwerke. In diesen so genannten Mitochondrien wird die aus der Nahrung aufgenommene Glukose zusammen mit dem Sauerstoff in den Energiestoff Adenosiontriphoshat (ATP) umgewandelt. ATP ist der essenzielle Nährstoff aller Lebewesen. Er wird vom Körper rund um die Uhr benötigt, damit das Gehirn seine Wunderleistungen vollbringen kann.

In jungen Zellen arbeiten die Mitochondrien noch mit voller Leistung. Doch leider schwinden die Energiereserven im Laufe der Jahre. Unter anderem, weil Freie Radikale emsig damit beschäftigt sind, den Mitochondrien und schließlich auch den gesamten Zellen Schaden zuzufügen. Freie Radikale sind sehr reaktionsfreudige Sauerstoffmoleküle, die der Körper selber bildet und die sich durch bestimmte Einflüsse von außen wie Sonnenbestrahlung, Rauchen, aber auch Stress explosionsartig vermehren.

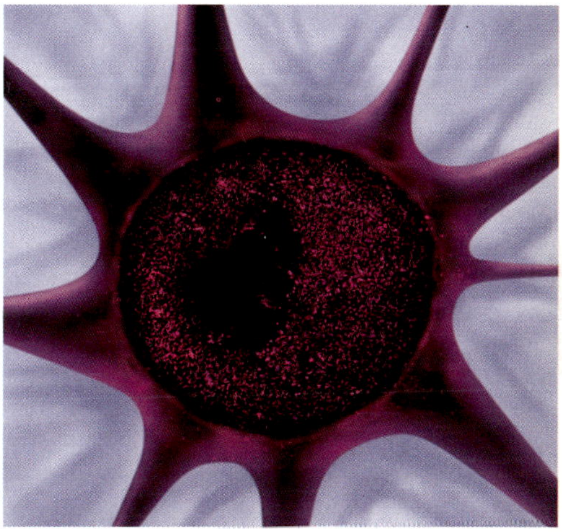

Der Körper kann sich dagegen zum Teil selber mit Enzymen schützen. Je älter wir jedoch werden, umso schwächer werden die körpereigenen Schutzsysteme. Was die wenigsten wissen: Der Alterungsprozess innerhalb der Zellen beginnt, wenn auch zunächst fast unbemerkt, um das 30. Lebensjahr! Die Energiereserven werden geringer. Viele kleine Einzelschäden, die, für sich genommen, der Zelle nichts anhaben können, summieren sich im Laufe des Lebens zu deutlichen Schäden. Um das 50. Lebensjahr merkt man das dann leider auch. Der Leistungsdruck macht einem mehr zu schaffen als früher, wir stoßen an Grenzen, die wir vorher nicht wahrgenommen haben. Viele Menschen fühlen sich allmählich zerstreuter als früher, vergessen Namen und Termine, sind allgemein schneller erschöpft oder fühlen sich abgespannt. Kurz: Aus den Herausforderungen von früher werden schnell Überforderungen.

Natur-Fossil mit Robustheit

Doch es gibt einen Verbündeten der Zellen im Kampf gegen das Alter und damit einen Jungmacher fürs Gehirn: Ginkgo biloba.

Schon Goethe widmete diesem ungewöhnlichen, sattgrünen Baum mit den charakteristisch fächerförmigen Blättern ein Gedicht:

»Dieses Baumes Blatt, der von Osten
meinen Garten anvertraut,
gibt geheimen Sinn zu kosten
wie's den Wissenden erbaut.«

Ginkgo-Bäume sind übrigens eine Art lebendes Fossil und können sehr alt werden. Ich habe vor kurzem in einem Kloster in der Nähe von Peking den »Kaiserbaum« besucht, einen Ginkgobaum von mehr als 1000 Jahren, der immer einen Ast verliert, wenn ein Kaiser stirbt. Beheimatet ist der Baum vermutlich in Ostasien, wo man ihn häufig im Bereich von Tempelanlagen und Heiligtümern findet. Im 17. Jahrhundert kam der Ginkgo-Baum nach Europa. Die ältesten Exemplare auf unserem Kontinent sind inzwischen mehr als 200 Jahre alt.

Besonders auffällig an dem Baum sind seine ungeheure Robustheit und Resistenz gegen Umwelteinflüsse. So gehört er inzwischen zu den am meisten gepflanzten Straßenbäumen in Städten mit hoher Schadstoffbelastung wie New York, Tokio oder auch Berlin. Selbst nach dem Abwurf der Atombombe über Hiroshima soll der zarte Spross eines Ginkgo-Baumes das erste Grün gewesen sein, das nach der ungeheuren Zerstörung beobachtet wurde.
Ginkgo-Bäume scheinen also resistenter als viele andere Lebewesen gegen massive Belastungen zu sein.

Grüner Schutz für graue Zellen

Wissenschaftler haben den besonderen Baum deshalb ein wenig genauer unter die Lupe genommen. Sie fragten: Wenn der Baum sich selber so perfekt schützen kann, kann man seine zellschützenden Eigenschaften eventuell auch positiv für den Menschen nutzen?
Vor rund 30 Jahren entdeckten sie dann: Das grüne Wunder wirkt auch auf den menschlichen Körper. Dabei sind es nicht die Wurzeln oder die Borke des Baumes, in denen die wichtigen Inhaltsstoffe stecken, sondern die faszinierend geformten Blätter. Schonend getrocknet und in Alkohol gelöst, erhält man einen höchst wirksamen Rohextrakt, der es in sich hat. Wissenschaftliche Studien haben neuerdings bewiesen, dass Ginkgo-Extrakt direkt in die Nervenzellen gelangt und die Mitochondrien wieder zu Höchstleistungen treibt.
Mehr noch: Hoch dosierter Ginkgo-Extrakt ist in der Lage, sogar geschädigte Zell-Kraftwerke zu reparieren – eine kleine Sensation! All das bedeutet neue Energie für die grauen Zellen. Nachgewiesen wurde dies bislang für den Ginkgo-Extrakt EGb 761® (erhältlich in Apotheken unter dem Namen »Tebonin®«).
Doch Ginkgo kann noch mehr. Seine Wirkung bleibt nicht auf die Nervenzelle beschränkt. Mit dem Extrakt des Baumes können sich Augen und Ohren schneller auf neue Reize einstellen. Konkret bedeutet das: Gesichter werden besser wiedererkannt, Zahlen und Worte besser erinnert als ohne den Gehirn-Fitmacher aus der Natur.
Zudem sorgt der Urbaum für mehr Aufmerksamkeit und bessere Konzentration.

Der Ginkgo Spezial Extrakt EGb 761® macht ausgeglichener und belastbarer. Er stärkt Konzentration und Gedächtnis.

Mehr Lebensqualität dank Ginkgo

»Wo hab' ich nur meine Brille wieder hingelegt?«, »Wie war noch mal der Name des netten Nachbarn unten links?« oder auch »Mir wird das alles gerade zuviel«: Kennen Sie solche Gedanken? Früher wurde so etwas gerne mit einem Lächeln und der lapidaren Bemerkung »Man wird eben alt« abgetan. Heute wissen Experten: Solche Beschwerden und das zunehmend bedrohliche Gefühl, den Anforderungen nicht mehr gewachsenzu sein, sind weit mehr als Lappalien. Sie schränken die Lebensqualität der Betroffenen stärker ein als bisher angenommen. Das zeigt sich in der aktuellen Studie mit 1500 Teilnehmern. Darin konnte zum ersten Mal gezeigt werden, dass Leistungsstörungen des Gehirns das körperliche Wohlbefinden ähnlich stark beeinträchtigen wie Diabetes oder Herzstörungen, die psychische Belastung von Gehirn-Problemen ist sogar deutlich höher als bei der Zuckerkrankheit oder Herzleistungsstörungen. Bereits nach einer vierwöchigen Einnahme von Gingko-Extrakt EGb 761® verbesserten sich das körperliche und psychische Befinden deutlich. Ginkgo-Einnehmer konnten sich besser konzentrieren, ihr Gedächtnis arbeitete besser, sie fühlten sich ausgeglichener und belastbarer. Wichtig: Ginkgo wirkt sowohl bei gesunden Menschen, hilft aber auch bei leichten Hirnleistungsstörungen und zeigt sogar bei Patienten mit der Alzheimer Krankheit eine positive Wirkung.

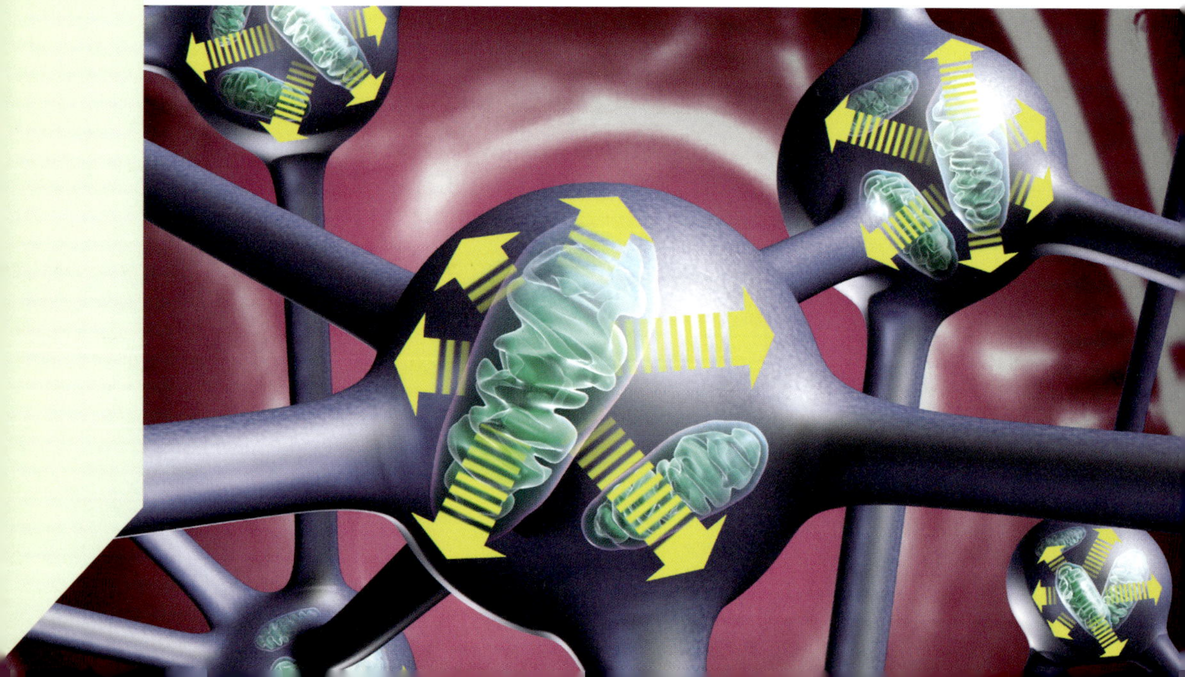

Sportlicher dank Pflanzen-Power

Selbst Sportler können von der Ginkgo-Leistung profitieren. In meiner »Golfstudie« wurden gesunde und sportliche Golfspieler im Alter zwischen 50 und 70 Jahren untersucht. Golf eignet sich besonders gut als Forschungsmodell, da es eine komplexe sensorische, motorische und kognitive Leistungsfähigkeit erfordert. Ein Teil der Golf-Spieler nahm über sechs Wochen den Gingko-Spezialextrakt EGb 761® ein – bei dieser Gruppe stieg die Leistung bei bestimmten Golftechniken im Vergleich zur Kontrollgruppe deutlich an.

Die volle Wirkung entsteht mit 240 mg Extrakt – die Wirkung setzt nach ca. zwei Wochen allmählich ein und nimmt danach über einige Wochen weiter zu. Langzeitbehandlungen sind unproblematisch, die Verträglichkeit ist gut. Wenn Sie Ginkgo einnehmen möchten: Achten Sie auf die Qualität! Ausländische Billigangebote werden in der Regel anders hergestellt als deutsche Apothekenarzneimittel. Solchen Billigprodukten fehlt es dann oft an wertvollen Inhaltsstoffen. Dafür sind darin bereits wiederholt überhöhte Mengen an schädlichen Stoffen gefunden worden. Sparen lohnt sich hier also keinesfalls.

Dreimal täglich: Denk-Futter Treibstoff für die grauen Zellen

Es gibt Tage, da würde man am liebsten gar nicht aufstehen. Im Job steht ein wichtiges, aber aufreibendes Meeting an, der Chef lädt zum Unter-Vier-Augen-Gespräch und abends will der Geschäftsbesuch aus Spanien unbedingt die Stadt kennen lernen. An solchen Tagen gibt es nur eins: Essen Sie sich zufrieden und entspannt. Das funktioniert! Schnelle Stresskiller sind beispielsweise die Vitamine der B-Gruppe (B_1, B_2, B_6 und B_{12}). Sie regen die Gehirntätigkeit an, vertreiben Stimmungstiefs und Müdigkeit und wirken wie Balsam auf gespannte Nerven. Reichlich davon steckt in Fleisch, Milchprodukten, Vollkornprodukten, Hülsenfrüchten, Brokkoli, Spinat und Pilzen. Ein wahres Power-Mineral ist Magnesium. Wenn es aber fehlt, fühlen wir uns müde, gereizt, ausgepowert, die Konzentration lässt nach. Stress führt leider dazu, dass der Körper diesen Stoff vermehrt

ausscheidet. Essen Sie deshalb Lebensmittel, die viel von dem Anti-Stress-Stoff enthalten, etwa Hülsenfrüchte, Vollkornprodukte, Nüsse, Fisch und dunkelgrünes Blattgemüse. Ein weiterer Verbündeter in Sachen Mood-Food ist Zink. Das Spurenelement steckt unter anderem in Käse, Leber, Fleisch und Vollkornprodukten. Zink hilft bei Konzentrationsproblemen, schützt vor Infektionen und kurbelt sogar die Lust auf die Liebe an – nicht ganz unwichtig in hektischen Zeiten.

Fett macht nicht unbedingt fett

Ideales Brain-Food ist eine gesunde Mischkost aus sogenannten komplexen Kohlenhydraten, wie sie in Kartoffeln, Hülsenfrüchten oder Vollkornprodukten stecken, gesunden Eiweißlieferanten wie Fisch, Schalentieren, Geflügel, magerem hellen Fleisch sowie fettreduzierten Milchprodukten, etwa 700 Gramm Obst und Gemüse pro Tag sowie Fett. Fett? Ja, Fett, denn Fett macht nicht unbedingt fett. Fett kann sogar ein Fatburner sein, weil es an der Bildung von bestimmten Hormonen und Gallensalzen beteiligt ist, die für eine gute Verdauung sorgen. Wichtig ist allerdings das richtige Fett. Es gibt sogenannte gesättige Fette, das sind meist tierische Fette, sie sind enthalten in rotem Fleisch, Butter, Käse, Wurst, Sahne, aber auch in harten Fetten wie Kokos- oder Palmfett. Gesättigte Fette erhöhen den Cholesterinspiegel, verstopfen die Blutgefäße und können zu Herzerkrankungen führen. Gute Fette sind dagegen sogenannte ungesättigte Fette. Sie können vom Körper genau wie Vitamine nicht selber hergestellt werden und sind daher lebenswichtig. Ungesättigte Fette stecken beispielsweise in Oliven-, Raps-, Perilla- und Avocadoöl, in Nüssen, Samen und Fisch – nicht umsonst haben die Menschen in Mittelmeerregionen weniger Herzinfarkte als im übrigen Europa. Gewöhnen Sie sich einfach daran, sie täglich zu verwenden, und lassen Sie Butter, Margarine oder Butterschmalz häufiger links liegen.

Gute Zucker, schlechte Zucker

Kohlenhydrate sind jedoch nicht gleich Kohlenhydrate. So liefern Obst, Gemüse und Vollkornprodukte komplexe Zucker, die erst einmal Stück für Stück in einzelne Teile im Darm zerlegt werden müssen oder – wie Fruchtzucker – in der Leber umgebaut werden. Sie erhöhen den Blutzuckerspiegel ganz langsam und kontinuierlich, dadurch wird nur wenig Insulin ausgeschüttet. Kohlenhydrate aus Obst, Gemüse und Vollkornprodukten haben mit wenigen Ausnahmen einen niedrigen Glyxfaktor. Einfache Zucker, etwa in Weißmehlprodukten, Haushaltszucker, Limonade oder Süßigkeiten dagegen treiben den Blutzuckerspiegel schnell in die Höhe, Massen an Insulin strömen aus. Innerhalb von zwei Stunden sinkt der Spiegel aber genau so rasant. Nerven und Gehirn werden unterversorgt, der Körper reagiert gereizt, müde, die Konzentration sinkt – und Heißhunger kommt auf. Das nennt man dann Unterzucker.

Geistesblitz

Glück in kleinen Häppchen

Und wenn Sie einen schnellen Glücks-Macher brauchen: Essen Sie einfach ein Stück Schokolade, am besten dunkle mit einem Kakaoanteil von mindestens 60 Prozent. Es enthält den Happy-Stoff Phenylethylamin, der vom Gehirn auch gebildet wird, wenn man gerade frisch verliebt ist. Die Kombination von Fett und Zucker hebt außerdem den Serotoninspiegel im Gehirn leicht an.

In der Nacht: Schlaf Großputz in der Denkfabrik

Ausnahmezustand Schlaf

Schlaf ist ein Zustand, in dem wir uns nur wenig bewegen und die Umwelt kaum wahrnehmen. Doch das Gehirn schläft nie. Während wir schlummern, werden neue Informationen auf der »Festplatte« im Kopf gespeichert und andere, die nicht mehr benötigt werden oder gar unerwünscht sind, gelöscht. Im Tiefschlaf ist die Atmung flacher, Herzschlag und Pulsfrequenz verringern sich, der Blutdruck und die Körpertemperatur sinken.

Die Muskelspannung geht zurück, deshalb sehen schlafende Menschen häufig buchstäblich entspannt aus. Der Schlaf verläuft übrigens nach einem genauen Muster in ganz rhythmischen Phasen, die jeweils rund 90 Minuten dauern. Direkt nach dem Einschlafen sinkt man in den ersten, noch leichten Schlaf, bis schließlich die erste Tiefschlafphase, die sogenannte Non-REM-Phase (non rapid eye movement), erreicht ist.

Träume sind Schäume

Nach rund 1½ Stunden wird der Schlaf langsam wieder leichter, das Gehirn wird aktiver, der REM-Schlaf (rapid eye movement) beginnt. In dieser Phase finden hauptsächlich Träume statt, verbunden mit intensiven, raschen Bewegungen der Augen unter den geschlossenen Augenlidern. Einige Experten vermuten sogar einen Zusammenhang zwischen dem Bewegungsmuster der Augen und den im Traum gesehenen Bildern. Andere körperliche Veränderungen während des Traumschlafs sind eine Erhöhung der Puls- und Atemfrequenz und Erregung der Sexualorgane, sodass vermutlich deswegen Träume manchmal eine sexuelle Färbung haben. Doch leider sind nicht alle Träume schön, viele Menschen wachen nach Alpträumen sogar nachts schweißgebadet auf und können im ersten Moment nicht zwischen Wirklichkeit und Fiktion unterscheiden. Seelisch sehr auf-

wühlende Träume, die häufig wiederkehren (z. B. ein geliebter Mensch stirbt), können nach Ansicht von Wissenschaftlern ein Hinweis auf ein psychologisches oder psychiatrisches Problem sein. Dieses Phänomen kommt beispielsweise relativ häufig bei Kriegsveteranen vor. Diese Patienten könnte man mit Medikamenten behandeln, die den mit Alpträumen gekoppelten REM-Schlaf blockieren. In vielen Fällen ist aber eine Psychotherapie die effektivere Lösung.

Eule oder Lerche?

Ob man bereits abends um neun müde wird oder weit nach Mitternacht ins Bett geht, ist vielleicht vererbt. Es gibt Tag- und es gibt Nachtmenschen, auch Eulen und Lerchen genannt, an deren Schlaf-Wach-Rhythmus sich das ganze Leben über nichts Gravierendes ändern wird. Auch die benötigte Schlafdauer ist bei den meisten Menschen genetisch festgelegt. Jeder 100. Mensch ist ein Kurzschläfer, der nach nur vier bis fünf Stunden Schlaf wieder topfit ist. Rund ein Prozent der Bevölkerung hält's mit Albert Einstein und braucht regelmäßig zehn bis elf Stunden Schlaf. Die meisten Menschen fühlen sich nach sieben bis acht Stunden richtig ausgeruht. Ein reiner Mythos ist übrigens die Behauptung, dass der Schlaf vor Mitternacht der beste sei. Richtig ist allein die Tatsache, dass die ersten Stunden nach dem Einschlafen am erholsamsten sind, weil sie die intensivsten Tiefschlafphasen enthalten. Ob sie allerdings vor oder nach Mitternacht stattfinden, ist völlig egal.

Schlaf im Alter

Die weit verbreitete Ansicht, dass ältere Menschen weniger Schlaf benötigen, ist schlicht falsch. Richtig ist, dass im Alter die Fähigkeit, durchgehend und lange zu schlafen, abnimmt. Schlafverluste können Menschen im Ruhestand jedoch dadurch kompensieren, dass sie auch tagsüber mal ein Nickerchen halten können, wenn ihnen danach ist. Während der Anteil des Traumschlafs (REM-Phase) im Alter gleich bleibt, verkürzt sich der Tiefschlaf deutlich. In der Nacht wachen ältere Menschen deshalb sehr häufig auf, Experten sprechen von sogenannten Arousals. In Studien wurde nachgewiesen, dass bei Menschen im Alter von über 60 Jahren nachts bis zu 150 Arousals auftreten können, junge Menschen

Geistesblitz

Schlafstörer

Manche Medikamente können den Schlaf stören. Dazu gehören beispielsweise bestimmte Antibiotika, manche Mittel gegen Depressionen, einige Asthmamedikamente, Hormone, Beruhigungsmittel, aber auch anregende Medikamente wie Appetitzügler oder Kreislaufmittel. Erkundigen Sie sich bei Ihrem Arzt oder Apotheker danach, ob Ihre persönlichen Medikamente eventuell Schuld an Ihrer Schlaflosigkeit sein können.

Gut zu wissen

Wie man sich bettet . . .

Futon oder Federnkern? Die wichtigsten Grundregeln rund ums Bett

- Matratze: Sie sollte weder zu hart noch zu weich sein, muss dafür sorgen, dass die Wirbelsäule gerade bleibt. Die Maße: 90 bis 100 cm Breite pro Person ist wichtig, 20 bis 40 cm über Körperlänge sind ideal. Eine Matratze sollte spätestens nach zehn Jahren erneuert werden, ein Futon schon nach fünf Jahren.
- Lattenrost: Unter eine Federkernmatratze gehört ein einfacherer, unter Latex- und Schaumstoffmatratzen sowie unter Futons ein hochwertigerer, sprich: flexibler Lattenrost mit verstellbaren Härtezonen.
- Oberbett: Wer im Bett häufig schwitzt, sollte zu leichten Naturfasern wie Wildseide, Baumwolle oder der Zellulosefaser Kapok greifen. Wer es gerne kuschelig warm hat, ist mit einer Daunendecke, Schafschurwolle oder Kamelhaar gut bedient. Allergiker sollten auf Kissen und Bettdecken aus Synthetik zurückgreifen.
  Wichtig: Ab 1,80 m Körpergröße ist eine überlange Decke (mindestens 2,10 m) wichtig, sonst riskiert man kalte Füße, die das Ein- und Durchschlafen stören können.

weisen dagegen im Durchschnitt nur 5 Arousals pro Nacht auf. Störend auf den Schlaf können sich im Alter auch chronische Erkrankungen wie Asthma, Herzerkrankungen und Arthritis auswirken, die Betroffenen wachen dann nachts wegen Schmerzen, Husten oder Juckreiz auf.

Auch der Verlust des Partners kann zu Schlaflosigkeit und Depressionen führen. In Studien wurde festgestellt, dass 75% der verwitweten Menschen einen Monat nach dem Tod des Ehepartners noch unter Schlafstörungen leiden. Bei der Hälfte hielten die Probleme über ein Jahr und länger an.

Schlafhilfen aus dem Labor ...

Wer über längere Zeit schlecht schläft, kommt schnell in Versuchung, ein Schlafmittel einzunehmen. Am häufigsten werden Schlafmittel aus der Gruppe der sogenannten Benzodiazepine verordnet. Nachteil: Sie machen in kürzester Zeit (ein bis zwei Wochen) abhängig, verkürzen außerdem die Tiefschlafphasen, so dass sich die Patienten am nächsten Tag verwirrt fühlen und unter Konzentrationsproblemen leiden.
Eine neuere Wirkstoffgruppe sind die sogenannten Non-Benzodiazepine (Wirkstoffe: Zaleplon, Zolpiderm, Zopiclon), die ähnlich wirken wie die Benzodiazepine, aber weniger Nebenwirkungen haben.
Harmloser sind freiverkäufliche Antihistaminika (Wirkstoff: Doxylamin), Medikamente gegen Allergien, die als »Nebenwirkung« müde machen. Sie machen nicht süchtig, können aber auch Nebenwirkungen wie Mundtrockenheit, Verstopfung und Koordinationsstörungen haben.

... und der Natur

In normaler Dosierung garantiert unschädlich und bei leichteren Schlafstörungen sehr wirksam sind natürliche Schlummerhilfen. Zu den besten Schlaf-Kräutern gehören Baldrian, Hopfen, Melisse und Passionsblume, die oft auch kombiniert in pflanzlichen Schlafmitteln enthalten sind.
Sind die Schlafstörungen an eine depressive Verstimmung oder eine Depression gekoppelt, kann auch Johanniskraut helfen. Nicht zu vergessen: das gute alte Glas heiße Milch mit Honig. Der darin enthaltene Zucker transportiert den Eiweißbaustein Trypthophan ins Gehirn und regt so die Produktion von Serotonin an, ein Stoff, der fürs Einschlafen wichtig ist. Weitere Trypthophan-Lieferanten: Bananen, Vollkornnudeln, Nüsse, Spinat, Fenchel, Milchprodukte, Huhn, Fisch und Feldsalat.

Gut zu wissen

10 Tipps zum erholsamen Schlummern

- Stehen Sie jeden Tag möglichst zur selben Zeit auf.
- Gehen Sie nur schlafen, wenn Sie wirklich müde sind.
- Seien Sie hinsichtlich eines Nickerchens konsequent: Schlafen Sie entweder jeden Nachmittag oder gar nicht. Bei gelegentlichen Naps hat man im Allgemeinen Schwierigkeiten, nachts einen guten Schlaf zu finden.
- Setzen Sie auf schlaffördernde Rituale wie ein warmes Bad mit ätherischen Ölen (Lavendel, Neroli, Vanille, Rose), eine Tasse Kräutertee oder einige Seiten einer leichten Lektüre.
- Bringen Sie regelmäßig am Morgen und am frühen Nachmittag Ihren Kreislauf in Schwung (Fitness, Spazierengehen), aber vermeiden Sie anstrengende körperliche Aktivitäten kurz vor dem Schlafengehen.
- Trinken Sie nach 16 Uhr keine aufputschenden Getränke wie Cola, Kaffee oder schwarzen Tee mehr. Lediglich Menschen mit sehr niedrigem Blutdruck und ältere Menschen, die unter Störungen der Hirndurchblutung durch eine Herzschwäche leiden, profitieren von einer späten Dosis Koffein.
- Trinken Sie keinen Alkohol kurz vor dem Zubettgehen, besonders, wenn Sie schon müde sind. Denn dann können schon geringe Mengen anregend wirken.
- Rauchen Sie nicht kurz vor dem Schlafen.
- Sitzen Sie abends nur bei gedimmtem Licht, unsere innere Uhr reagiert auf die Dunkelheit und stimmt den Körper so auf »Schlaf« ein.
- Lüften Sie Ihr Schlafzimmer vor dem Zubettgehen 10 Minuten bei ganz geöffnetem Fenster durch, die ideale Raumtemperatur liegt bei 17 Grad.
- Sex kann ebenfalls beim Einschlafen helfen. Durch die Hormonausschüttung beim Orgasmus entspannt sich der Körper und man wird häufig wohlig müde.

Intuition – das zweite Gehirn im Bauch

Sechster Sinn: die Intuition

Kennen Sie das: Sie fällen ganz spontan eine Entscheidung und irgendetwas in Ihnen sagt, dass es genau die richtige war? Oder Sie haben plötzlich so ein komisches Gefühl im Bauch? Irgendetwas sagt Ihnen »Achtung« oder »Lass' bloß die Finger davon«. Leider ignorieren wir häufig solche »inneren Stimmen«, nennen sie manchmal verächtlich Bauchgefühl und setzen lieber unseren Verstand ein. Schade eigentlich, denn dieses Gefühl, Intuition genannt, kann uns helfen, Dinge richtig einzuschätzen und andere Menschen besser zu verstehen.

Denn wie sagte schon Albert Einstein: »Intuition ist alles, was zählt.«

Und Freud-Schüler Carl Gustav Jung nannte Denken und Fühlen, Empfinden und »Intuieren« als diejenigen psychischen Funktionen, mit deren Hilfe sich der Mensch Wissen aneigne.

Dabei ist Intuition keine übernatürliche oder mystische Fähigkeit. Intuition bedeutet einfach das Ausschöpfen des vollen Potenzials, das uns zur Verfügung steht. Oder, anders ausgedrückt: etwas wissen, ohne zu wissen, warum man es weiß.

»Das Faszinierende an der Intuition ist, dass sie so schnell und mühelos funktioniert,« sagt der Kognitionsforscher und Nobelpreisträger Daniel Kahneman von der Princeton Universität.

Letzendlich ist die Intuition ein Produkt unserer Evolution. Denn stand plötzlich ein Säbelzahntiger vor einem Steinzeitmenschen, hatte der gar keine Zeit, lange zu überlegen, was er wohl tun soll. Ein Urteil musste blitzschnell gefällt werden. Denn wer überleben wollte, musste schnell sein.

Verstand oder Gefühl?

Die Ratio, also unser Verstand, und die Intuition, unser Bauchgefühl, sind jedoch keine gegensätzlichen Dinge, sondern sie ergänzen sich. Vergleichen lässt sich das ein bisschen mit dem Sehen und Hören. Keiner dieser Sinne ist schlechter oder besser für unsere Wahrnehmung, jeder hat seine Berechtigung und erst beide zusammen machen den Eindruck erst komplett. Wissenschaftlich lässt sich Intuition nur schwer erfassen, doch ist dies erstmals meinem Mitarbeiter Rüdiger Ilg gelungen, der mit bildgebenden Verfahren in das Gehirn von Menschen hineingeschaut hat, als sie intuitive Entscheidungen treffen mussten. Er hat festgestellt, dass bei intuitiven Entscheidungen stärker jene Hirngebiete beteiligt sind, die für eine gefühlsmäßige Bewertung zuständig sind. Interessanterweise wird die Wissenschaft selber durch Intuition geleitet. Auch hier sei wieder Albert Einstein zitiert. Er sagte: »Die Lösungen kommen zu dir und du weißt nicht, wie und warum.«

Die Intuition ist immer schneller als unser Verstand. Während wir noch über eine Entscheidung nachdenken, tendiert das innere Gefühl schon längst in die eine oder andere Richtung. So kennen wir den Gefühlswert eines Wortes bereits 200 Millisekunden (zwei Wimpernschläge), nachdem es ausgesprochen wurde. Also weit bevor wir über den Sinn oder die faktische Bedeutung überhaupt nachdenken können.

Sitzt im Bauch auch ein Gehirn?

Das Wort »Bauchgefühl« kommt nicht von ungefähr. Denn der Anstoß zur Intuition mag wirklich aus unserer Mitte kommen, genauer aus dem sogenannten enterischen Nervensystem, dessen Erforschung noch in den Kinderschuhen steckt. Dahinter verbergen sich 100 Millionen Nervenzellen, die den Verdauungstrakt umgeben. Dieses »Bauchhirn« produziert bestimmte Botenstoffe, arbeitet autonom und sendet Signale zu unserem Gehirn im Kopf. Dort wird dann eine Vielzahl von sinnlich aufgenommenen Detail-Infos in Sekundenschnelle zu einem ganzen Bild zusammengefügt. Das Gehirn im Bauch kann laut neuesten Forschungen sogar erkranken und eigene Neurosen entwickeln. Es fühlt, es denkt und erinnert sich – und lässt uns intuitiv »aus dem Bauch heraus« entscheiden.

Intuition schützt in der Not

Auch in heiklen oder gefährlichen Situationen kann Intuition eine große Hilfe sein. So haben beispielsweise Mütter in Bezug auf ihre Kinder oft einen »sechsten Sinn« und spüren intuitiv, wenn etwas mit ihnen nicht stimmt. Diese innere Stimme kann in Bezug auf Krankheiten zuverlässiger sein als jedes EEG oder Ultraschall. Dr. Jerome Groopman von der renommierten Harvard Medical School in den USA hat sich auf die Erforschung zwischen innerer Stimme und Gesundheit spezialisiert. Er sagt: »Der größte Fehler ist, dass Ärzte nicht genug auf die Mütter hören.«

Aber auch in Sachen Gewalt und Verbrechen kann die Intuition ein wichtiger Warn- und Überlebensfaktor sein. Der amerikanische Sicherheitsexperte Gavin de Becker hat sich in seinem Buch »Mut zur Angst« mit dem Muster von Gewalttaten und dem Verhalten von Tätern und Opfern beschäftigt. Er sagt, dass fast jeder Tat Warnsignale, ausgesandt durch den Täter, vorausgehen. Wer diese Signale durch Intuition wahrnehmen kann, kann sich der lebensbedrohlichen Gefahr oft noch rechtzeitig entziehen. Erlernen muss man laut Becker nur, auf die Warnungen zu hören statt sie in den Wind zu schlagen. Wer sich also auf einer dunklen Straße von Schritten verfolgt fühlt, sollte diesen Köralarm ernst nehmen und nicht mit einem »stell' dich nicht so an« tapfer weiterlaufen – möglicherweise in sein Unglück.

Um Intuition positiv nutzen zu können, sollten Sie sich das Bauchgefühl bewusst machen, anstatt es zu unterdrücken oder zu ignorieren. Üben Sie, sich bestimme Situationen vorzustel-

len, die Sie treffen werden, sehen Sie die Begegnung als eine Art mentalen Film. Denken Sie nach über Dinge, die Sie dabei erlebt haben, vergleichen Sie, ob Ihre Vorstellung mit der Realität übereinstimmt.
Vor allem: Achten Sie mitunter auch auf Gefühle und Gedanken, die Sie sonst eher beiseite schieben.

Gut zu wissen

Routine ist der Feind der Intuition

Durch bestimmte Übungen lässt sich Intuition trainieren, so, wie man auch Muskeln trainieren kann. Das erschließt neue Wege und Ideen, mit Situationen umzugehen. Seien Sie sich bei diesen Übungen bewusst, dass Ihre Stimmung, Ablenkungen und die Tageszeit Einfluss haben können. Ändern Sie zunächst einmal Ihre tägliche Routine.

- Machen Sie die Sachen in einer anderen Reihenfolge und Geschwindigkeit als gewohnt.
- Fahren Sie auf einer anderen Strecke zur Arbeit.
- *Verändern Sie die Art, wie Sie Ihre Mahlzeiten essen.*
  Machen Sie sich bewusst, wie Sie sich durch das Erweitern und Verändern Ihrer Routine fühlen. Vielleicht sind Sie anfangs verwirrt, dann aber erstaunt oder fasziniert, auf wieviel andere Möglichkeiten sich der tägliche Alltag erleben lässt.
- Versuchen Sie jeden Tag zu erraten, was für Post im Briefkasten sein wird. Raten Sie die Anzahl Stücke, dann unterteilen Sie sie in Werbung, persönliche Briefe, Rechnungen usw. Es geht hier nicht darum, ob Sie Recht haben oder nicht – nehmen Sie diese Übung als interessantes Spiel an. Fragen Sie sich ganz einfach: »Was für Post habe ich heute?« Versuchen Sie nicht nochmals zu hinterfragen oder Ihre Antwort zu analysieren. Wenn Sie eine Antwort haben, so fragen Sie sich: »Fühlt sich das RICHTIG an?«. »Ist das wahr?« und/oder fühlen Sie die Antwort von innen.

Das ist im Rahmen einer Information über das Funktionieren des Gehirns nicht sinnvoll . . .

Nett zum Bauch

Zwei weitere Wege, um die Intuition zu schulen, sind die Meditation und die Bauchmassage. Denn dabei können wir besser in uns hineinhorchen, das »Bauchhirn« mit Streicheleinheiten belohnen und das Gefühlsleben besser kennen lernen.
Eine Übung zum Einstimmen in die Meditation ist die Hara-Atmung aus dem Zen. Das Hara ist der Sitz der Kraft, es liegt im Bereich des Bauchnabels.

So geht's: Stellen sie sich aufrecht mit leicht gebeugten Knien hin, schließen Sie die Augen und legen Sie die Hände auf Ihren Bauch. Atmen Sie dann durch die Nase tief in Ihren Bauch hin und durch den geöffneten Mund wieder aus. Spüren Sie, wie Ihr Bauch sich unter Ihren Händen hebt und senkt. Nehmen Sie die Gefühle wahr, die Sie dabei überkommen. Fühlen Sie sich warm und sicher, tut etwas weh, fühlt sich etwas unangenehm an? Der bewusste Kontakt zum Hara hilft, diese Empfinden leichter aufzuspüren.
Eine Bauchmassage können Sie bei sich selber durchführen oder sich auch von Ihrem Partner verwöhnen lassen. Wichtig: Essen und trinken Sie direkt vorher nichts, für einen vollen Magen kann die Massage sehr unangenehm sein. Verteilen Sie vor der Massage etwas Massageöl in den Händen und reiben Sie sie warm aneinander.

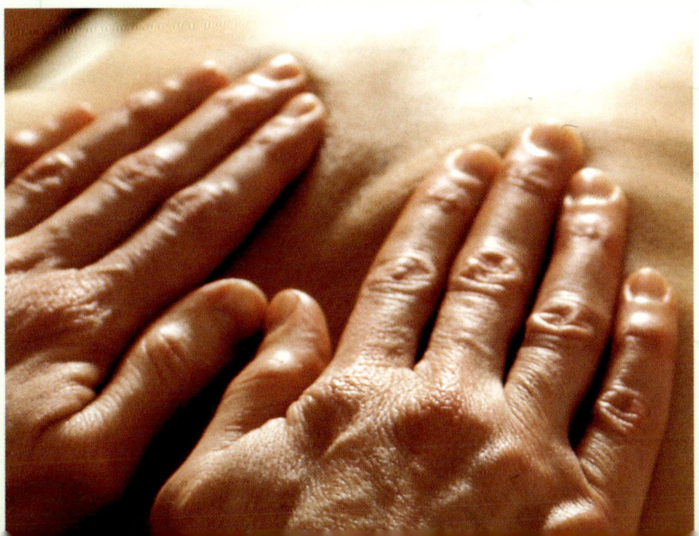

1 Massieren Sie immer im Uhrzeigersinn mit sanftem Druck, beginnend mit einer Hand unterhalb des Nabels in immer größer werdenden Kreisen, 6 bis 10 Mal hintereinander.

2 Lassen Sie dann beide Hände im Uhrzeigersinn in großen Kreisen über den Bauch gleiten. Während die rechte Hand den Kreis nach unten beschreibt, streicht die linke nach oben. Wenn sich die Hände dabei begegnen, heben Sie einfach eine Hand über die andere und legen sie dann gleich wieder auf dem Bauch, damit der Kontakt nicht zu lange abbricht.

3 Massieren Sie dann sanft nur die gut gepolsterten Stellen (nicht die Knochen, über denen die Haut gespannt ist) seitlich von Taille und Hüfte, indem Sie mit Ihren Fingerspitzen kreisend kneten.

4 Zum Abschluss streichen Sie mit flachen Händen und sanftem Druck vom Unterbauch über das Brustbein bis zu den Schultern und zurück.

Immer auf die »innere Stimme« hören? – NEIN!

Nur intuitiv zu handeln wäre fatal, kann gefährlich sein und zu großen Enttäuschungen führen.

Denn nicht in jeder Lebenslage ist unser Bauch der beste Ratgeber. Wichtig ist es daher immer, Intuition und Ratio zusammenzubringen. Das funktioniert am besten, indem Sie zunächst alle Fakten, Fürs und Widers ganz rational analysieren.

Manchmal hilft es auch, eine Pro- und Kontra-Liste zu schreiben. Wenn Sie das getan haben, sollten Sie das Ganze sacken lassen – und dann erst »aus dem Bauch heraus« entscheiden.

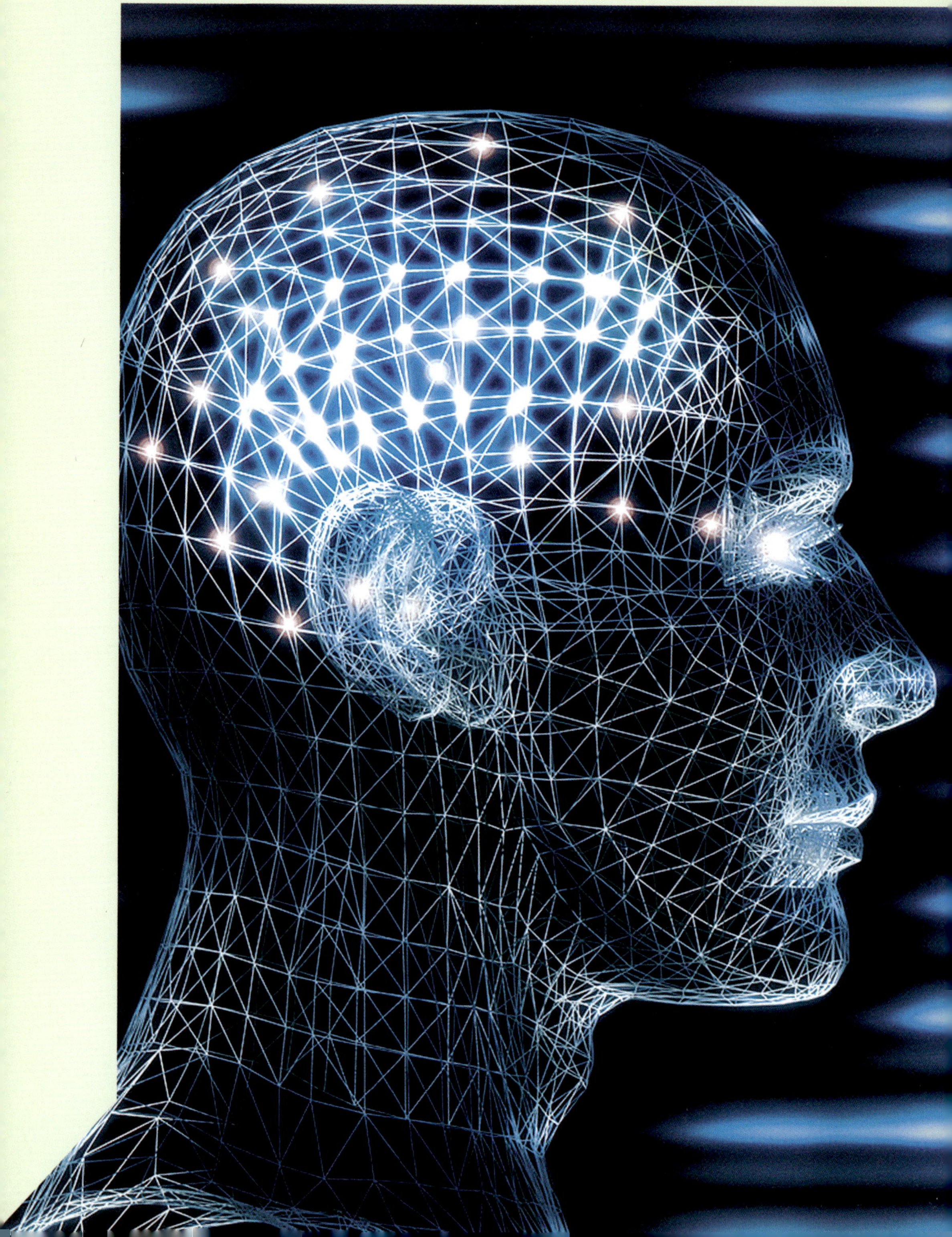

Gezieltes Training für die grauen Zellen

In den beiden vorangegangenen Kapiteln haben Sie erfahren, wie das Gehirn funktioniert und wie Sie ganz einfach im Alltag rund um die Uhr mit der richtigen Nahrung und sogar im Schlaf die grauen Zellen aktivieren können. Doch das alleine reicht nicht aus.

So wie Sie Ihre Muskeln im Fitness-Studio trainieren, gibt es auch ein Workout für die Hirnzellen. Brain-Training heißt das Zauberwort und hat mit langweiligen Kreuzworträtseln in irgendwelchen bunten Umsonst-Heftchen nicht viel gemein.
Wussten Sie beispielsweise, dass Gedichte-Lernen eine phantastische Herausforderung für unser Gehirn ist? Intellektuelle Witze machen nicht nur Spaß, sondern regen zum Denken an. Und mit differenzierten Übungen können Sie sogar die Form der Intelligenz schulen, die Ihnen persönlich am nächsten kommt: die logisch-mathematische, die sprachliche, die musikalische oder auch die Kreativität.

Falls Sie gerne am Computer arbeiten und spielen, sollten Sie mal auf www.mental-aktiv.de klicken. Dort finden Sie eine moderne wissenschaftlich geprüfte Möglichkeit, Ihre grauen Zellen mit viel Spaß zu trainieren. Beginnen Sie am besten mit dem Test, der Ihnen innerhalb von zehn Minuten sagt, wie es um Ihre geistige Fitness bestellt ist. Danach empfehlen sich zahlreiche mental-aktive, sehr unterhaltsame Übungen, alle von Experten entwickelt. Einige könne Sie gleich online spielen, andere aber auch gemütlich im Sessel mit Stift und Papier (offline) lösen. Zudem bietet die Seite alle vier Wochen neue Tipps, Spiele und Aufgaben, um Ihren Kopf noch fitter zu machen. Und um immer am Ball zu bleiben, können Sie einfach den kostenlosen Newsletter abonnieren. Sie erhalten dann eine Nachricht, sobald neue Aufgaben vorliegen, und verpassen so garantiert nichts.

Auf den folgenden Seiten finden Sie zusätzlich ein großes Angebot von Trainingsaufgaben, die das Gehirn fitter für den Alltag machen.

Gedichte zum Auswendiglernen

Wenn man regelmäßig Gedichte auswendig lernt, verbessert sich das Gedächtnis für alles, was man behalten möchte. Zehn Minuten täglich reichen schon, um positive Effekte zu erzielen. Hier sind ein paar Vorschläge von Gedichten. Wenn man die Gedichte auswendig kann – und in Zukunft noch viel mehr, wenn man regelmäßig lernt –, dann kann man andere Menschen mit seinen Kenntnissen überraschen und man selbst erfreut sich an einem größeren Wissensspeicher und einem besseren Erinnerungsvermögen.

Friedrich von Schiller
Punschlied

Vier Elemente,
Innig gesellt,
Bilden das Leben,
Bauen die Welt.

Presst der Zitrone
Saftigen Stern,
Herb ist des Lebens
Innerster Kern.

Jetzt mit des Zuckers
Linderndem Saft
Zähmet die herbe
Brennende Kraft,

Gießet des Wassers
Sprudelnden Schwall,
Wasser umfänget
Ruhig das All.

Tropfen des Geistes
Gießet hinein,
Leben dem Leben
Gibt er allein.

Friedrich Hölderlin
Der Frühling

Die Sonne glänzt, es blühen die Gefilde,
Die Tage kommen blütenreich und milde,
der Abend blüht hinzu, und helle Tage gehen
vom Himmel abwärts, wo die Tag entstehen.

Das Jahr erscheint mit seinen Zeiten
Wie eine Pracht, wo Feste sich verbreiten,
Der Menschen Tätigkeit beginnt mit neuem Ziele,
So sind die Zeichen in der Welt, der Wunder viele.

Johann Wolfgang von Goethe
Meeres Stille

Tiefe Stille herrscht im Wasser,
Ohne Regung ruht das Meer,
Und bekümmert sieht der Schiffer
Glatte Fläche rings umher.
Keine Luft von keiner Seite!
Todesstille fürchterlich!
In der ungeheuern Weite
Reget keine Welle sich.

Wilhelm Busch

Es sitzt ein Vogel auf dem Leim,
Er flattert sehr und kann nicht heim.
Ein schwarzer Kater schleicht herzu,
Die Krallen scharf, die Augen gluh.
Am Baum hinauf und immer höher
Kommt er dem armen Vogel näher.

Der Vogel denkt: Weil das so ist
Und weil mich doch der Kater frisst,
So will ich keine Zeit verlieren,
Will noch ein wenig quinquilieren
Und lustig pfeifen wie zuvor.
Der Vogel, scheint mir, hat Humor.

Kurt Tucholsky
Parc Monceau

Hier ist es hübsch. Hier kann ich ruhig träumen.
Hier bin ich Mensch – und nicht nur Zivilist.
Hier darf ich links gehen. Unter grünen Bäumen
sagt keine Tafel, was verboten ist.

Ein dicker Kullerball liegt auf dem Rasen.
Ein Vogel zupft an einem hellen Blatt.
Ein kleiner Junge gräbt sich in der Nasen
Und freut sich, wenn er was gefunden hat.

Es prüfen vier Amerikanerinnen
Ob Cook auch Recht hat und hier Bäume stehn.
Paris von außen und Paris von innen:
Sie sehen nichts und müssen alles sehen.

Die Kinder lärmen auf den bunten Steinen.
Die Sonne scheint und glitzert auf ein Haus.
Ich sitze still und lasse mich bescheinen
Und ruh von meinem Vaterlande aus.

Joachim Ringelnatz
Im Park

Ein ganz kleines Reh stand am ganz kleinen Baum
Still und verklärt wie im Traum.
Das war des Nachts elf Uhr zwei.
Und da kam ich um vier
Morgens wieder vorbei,
Und da träumte noch immer das Tier.
Nun schlich ich mich leise – ich atmete kaum –
Gegen den Wind an den Baum,
Und gab dem Reh einen ganz kleinen Stips.
Und da war es aus Gips.

Christian Morgenstern
Die Korfsche Uhr

Korf erfindet eine Uhr
Die mit zwei Paar Zeigern kreist
Und damit nach vorn nicht nur,
sondern auch nach rückwärts weist.

Zeigt sie zwei, – somit auch zehn;
Zeigt sie drei, – somit auch neun;
und man braucht nur hinzusehn,
um die Zeit nicht mehr zu scheun.

Denn auf dieser Uhr von Korfen
Mit dem janushaften Lauf
(dazu ward sie so entworfen):
hebt die Zeit sich selber auf.

Theodor Fontane
Überlass es der Zeit

Erscheint dir etwas unerhört,
bist du tiefsten Herzens empört,
bäume nicht auf, versuch's nicht mit Streit,
berühr es nicht, überlass es der Zeit.
Am ersten Tag wirst du feige dich schelten,
am zweiten lässt du dein Schweigen schon gelten,
am dritten hast du's überwunden;
alles ist wichtig nur auf Stunden,
Ärger ist Zehrer und Lebensvergifter,
Zeit ist Balsam und Friedensstifter.

Joachim Ringelnatz
Ein männlicher Briefmark erlebte
Was Schönes, bevor er klebte,
Er war von einer Prinzessin beleckt.
Da war die Liebe in ihm erweckt.

Er wollte sie wiederküssen,
Da hat er verreisen müssen.
So liebte er sie vergebens.
Das ist die Tragik des Lebens.

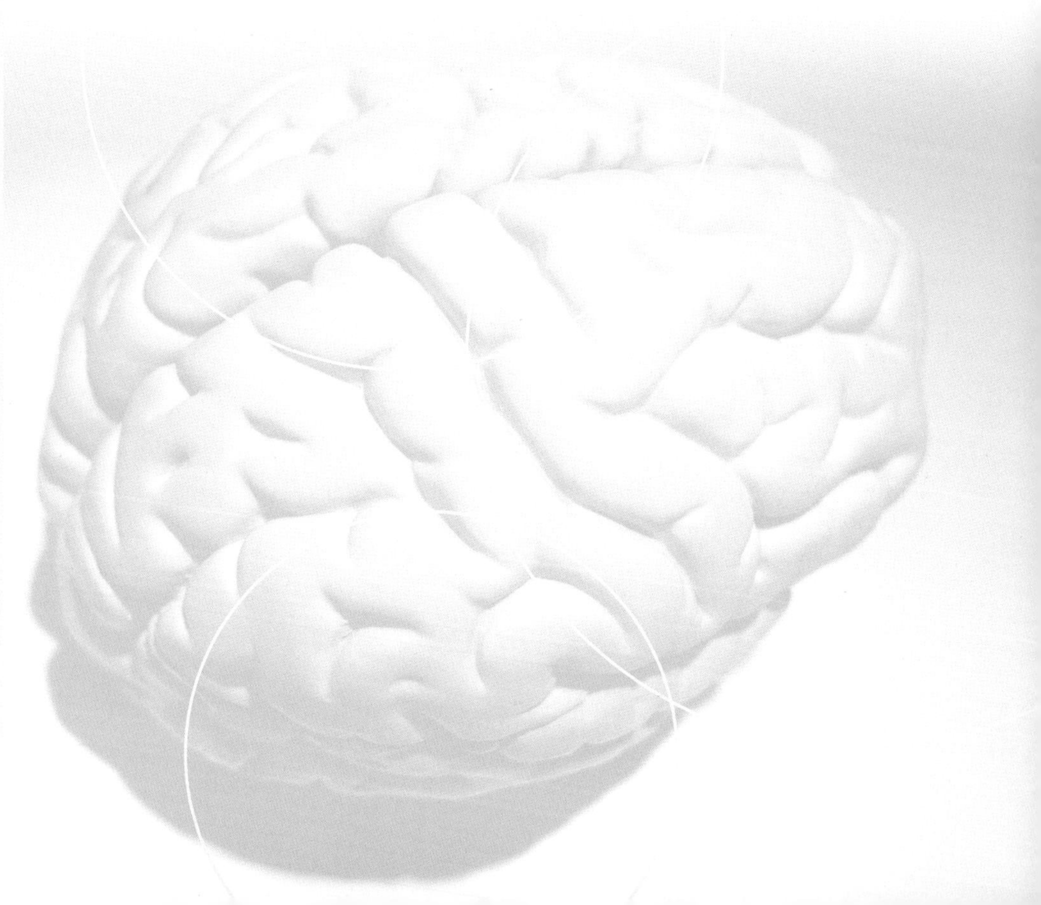

Und zwischendurch: ein intellektueller Witz

Ein Jude will am Bahnschalter in Wien eine Karte nach Pinczew lösen – da sieht er, wie ein eleganter Herr ebenfalls eine Karte nach Pinczew in Empfang nimmt. Der Jude ist verblüfft. Vielleicht hat er sich geirrt. Er geht dem Herrn nach – der Herr steigt tatsächlich in den selben Zug, in den auch er steigen muss. Also setzt er sich dem Herrn gegenüber hin und fängt an zu grübeln: Aus Pinczew ist er nicht, ich kenne alle dort. Also was kann er dort wollen? Vielleicht eine Partie? Aber mit wem? Des reichen Doliner Tochter hat kürzlich geheiratet, und was sonst momentan zu haben ist. ... Nein, das ist nichts für ihn.
Aber vielleicht etwas Geschäftliches?
Nein, es läuft ja momentan rein nichts in Pinczew.
Also was in aller Welt ... Ah, ich weiß schon! Der Salmen Karo, dieser Lump, will sich wieder mal mit seinen Gläubigern ausgleichen, und das wird ihm jetzt, wo es schon das dritte Mal ist, ohne juristischen Beistand nicht gelingen. Demnach ist der Herr sein Rechtsanwalt. ... Aber ein Anwalt aus Wien – das kostet doch ein Vermögen! Wird sich der Karo, dieser kleinliche Kerl, das wirklich leisten wollen? ... Ah, ich weiß schon! Da war doch einmal ein Neffe von ihm, dem die Eltern früh gestorbenen sind. Der hat später in Wien die Rechte studiert. Und der Karo hat ihm derweil das Vermögen seiner Eltern verwaltet. So viel möcht' ich in zehn Jahren verdienen, wie der alte Lump dabei für sich eingesteckt hat! Aber dem Jungen hat er natürlich eingeredet, dass er sich für ihn die Beine ausreißt und dass er ihm folglich dankbar sein muss. Und das scheint der junge Mann geglaubt zu haben und folglich muss er womöglich gratis zu seinem lieben Onkel, um ihm aus der Patsche zu helfen ...
Kohn hat der Junge geheißen, ich weiß es noch genau ... Aber hat es nicht geheißen, dass er große Karriere gemacht hat? Hofrat soll er sogar geworden sein! ... Na – da wird er sicher längst getauft sein ... Und wenn er sich getauft hat, dann heißt er natürlich schon lange nicht mehr Kohn ... Wie kann er jetzt heißen? Koner vielleicht? Das ist noch zu nah, zu verdächtig. Vielleicht Korner? Auch noch zu ähnlich. Vielleicht Körner oder Kerner? Ja, das könnte gehen! ... »Guten Tag, Herr Doktor Kerner!«
»Guten Tag. Aber ich kenne Sie ja gar nicht. Woher wissen Sie meinen Namen?«»Den habe ich mir ausgerechnet.«

Zum Staunen & Nachmachen: Einige verblüffende Wissenschafts-Experimente

Greif den Schein

Halten Sie mit der linken Hand einen 10-Euro-Schein wie auf der Zeichnung, die rechte Hand ist unter dem Schein in Greifhaltung, ohne jedoch die Banknote zu berühren. Wenn Sie die Banknote fallenlassen, erscheint es relativ einfach, sie mit der rechten Hand aufzufangen, bevor sie auf den Boden segelt. Dann bitten Sie einen Freund, mit Ihnen dieses Experiment durchzuführen. Bitten Sie ihn, seine rechte Hand genauso unter dem Geldschein zu halten, wie Sie es gerade getan haben. Wenn Sie die Banknote fallen lassen, wird er es nicht schaffen, den Schein aufzufangen. Hintergrund: Machen Sie das Experiment alleine, kann das Gehirn die Befehle »Loslassen« und »Festhalten« zur gleichen Zeit an die Hände übermitteln. Wenn jemand anders den Versuch macht, die Note aufzufangen, muss sein Gehirn zunächst die Note fallen sehen, bevor das Signal an die Hand weitergegeben werden kann. Und dieser Transfer dauert zu lange, als dass man mit Erfolg zugreifen könnte.

Der krumme Weg

Für Kinder ist es sehr schwer, Bilder zu zeichnen oder Buchstaben zu schreiben. Der Grund: Sie haben noch nicht gelernt, wie sie ihre Hände bewegen müssen, um den gewünschten visuellen Effekt zu erzielen. Mit diesem kleinen Versuch können Sie sich in Ihre Kindheit zurückbewegen und sehen, wie schwer es sein kann, Augen und Hände zu koordinieren.

Halten Sie dazu einfach die Abbildung auf dieser Seite vor einen Spiegel. Stapeln Sie einige Bücher zwischen sich und der Seite auf, so dass Sie die Seite nur über die Bücher hinweg im Spiegel sehen. Dann greifen Sie mit einem Stift in der Hand um die Bücher herum und platzieren ihn an dem Punkt »Start«. Versuchen Sie dann, nur mit dem Blick in den Spiegel den ganzen Weg bis zum »Ziel« entlangzufahren, ohne von der eingezeichneten Linie abzukommen. Das ist schwer, weil die tief im Gehirn verankerten Auge-Hand-Verhaltensmuster am gespiegelten Bild scheitern.

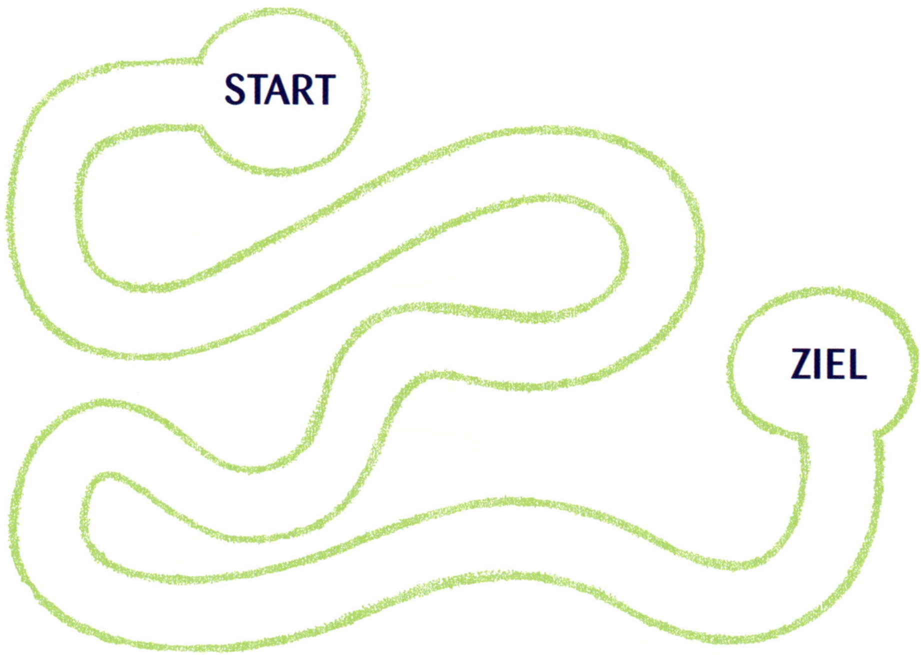

Der zweite Blick

Lesen Sie mal den Satz in dem Dreieck. Sie lesen »Paris in the spring?«

Dann schauen Sie sich das Ganze am besten noch einmal genau an. Na?

Genau: Da steht »Paris in the the spring«.

Hintergrund: Die meisten von uns sehen in bestimmten Wortbildern ein Ganzes (Psychologen nennen das auch Gestalt), anstatt jedes einzelne Wort zu betrachten. Schnell gelesen überliest man daher, dass ein Wort in dem Dreieck wiederholt wird.

Machen Sie sich den Spaß und zeigen Sie das Ganze Ihren Freunden.

Wetten, dass die meisten auch nach dem 6. oder 7. Hingucken immer noch nicht sehen, dass das »the« doppelt vorkommt?

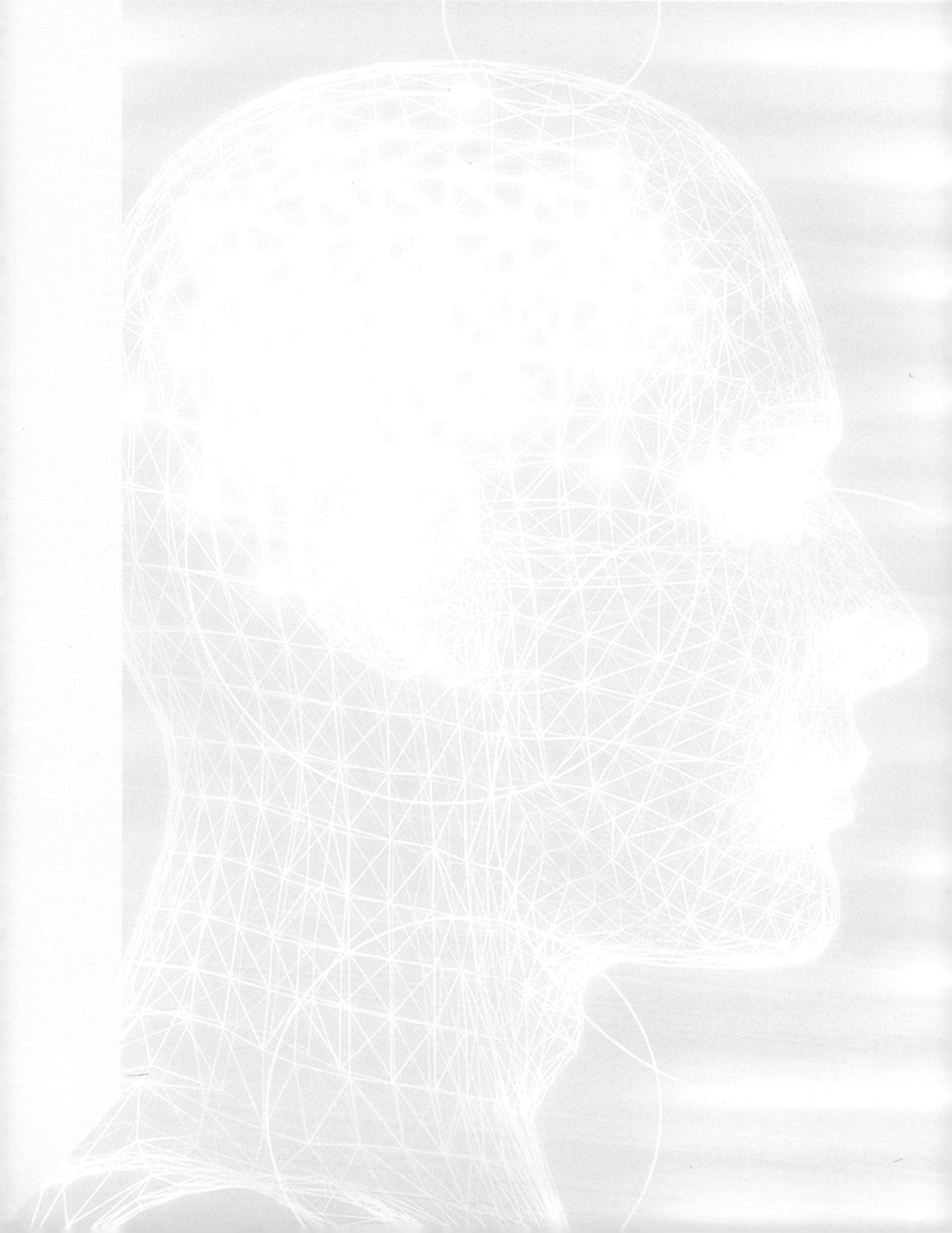

Intelligenz ist vielfältig

Wie intelligent bin ich eigentlich? Haben Sie sich das auch schon mal gefragt? Und natürlich gibt es Intelligenz-Tests, an deren Ende der sogenannte Intelligenz-Quotient (IQ) steht. Diese Zahl soll über die vermeintliche geistige Leistungsfähigkeit informieren. Doch was sagt sie letztlich aus?
Aus beruflichen Gründen habe ich selbst fast alle Tests, die es auf dem Markt gab, an mir selber einmal ausprobieren lassen. Das Ergebnis: Der Unterschied zwischen meiner besten und meiner schlechtesten Test-Leistung betrug 40 Punkte. Was inhaltlich bedeutet, dass meine Intelligenz zwischen unterdurchschnittlich begabt bis extrem gescheit bewegt. Das ist also wenig hilfreich. Zahlen, die Intelligenz ausdrücken (insbesondere, wenn es nur eine Zahl ist), sind also mit Vorsicht zu genießen.

Denn Intelligenz spiegelt sich nicht nur im Wissen wider, d. h. ist der expliziten Verfügbarkeit von Informationen und deren mentaler Manipulation wider, sondern vor allem im Handeln (von dem wir manchmal gar nicht wissen, dass wir etwas können).

Denn Wissen und Handeln sind in unserem Gehirn durch unterschiedliche Mechanismen repräsentiert. Und wenn wir nur das eine messen, erfahren wir nicht die vollen Möglichkeiten menschlicher Kompetenz. Bereiche, die diese Kompetenz ausmachen und die in Intelligenztests oft nur unzureichend angesprochen werden, sind Intuition, Kreativität, Phantasie, emotionale Intelligenz, Einfühlungsvermögen, soziale Kompetenz, sicherer Umgang mit unsicherem Wissen, Entscheidungsbereitschaft, musikalische Fähigkeiten, handwerkliches Geschick, ökologische Einsicht, Vertrauen in Wissen – in das eine oder das andere.
Intelligenz ist also ein umfassendes Konzept, das unserer Lebenswirklichkeit entspricht. Und: Kein Mensch kann in allen Bereichen von Intelligenz gleich gut sein. Die folgenden Tests zielen deshalb auch auf unterschiedliche Bereiche von Intelligenz.

Tests zur figural-räumlichen Intelligenz

Verarbeitungskapazität: Würfelaufgaben

Für diese Übung benötigen Sie einen Bleistift und eine Stoppuhr. Betrachten Sie die Faltvorlage. Aus dieser lässt sich genau einer der Körper rechts daneben falten. Sie sollen herausfinden, welcher der fünf Körper A, B, C, D oder E dies ist.

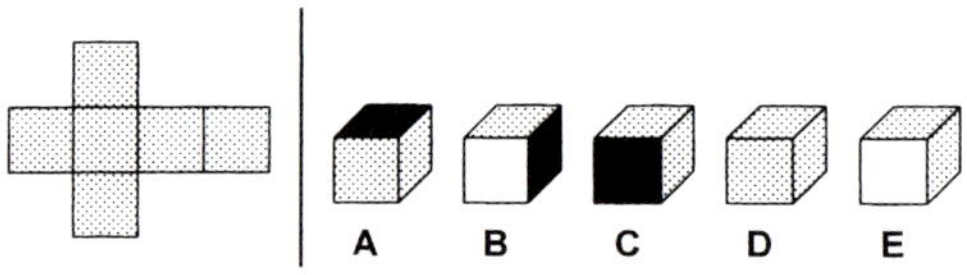

Beachten Sie, dass die Faltvorlage immer die Außenseite des Körpers zeigt. Diese besteht immer aus sechs gleich großen quadratischen Flächen. In unserem Beispiel sind alle Seiten des Würfels grau gerastert. Die Lösung muss also ein vollständig grauer Würfel sein. Die richtige Lösung ist demnach D.

1
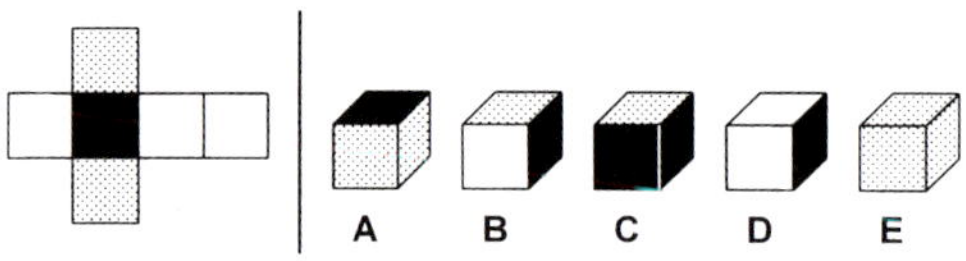

2
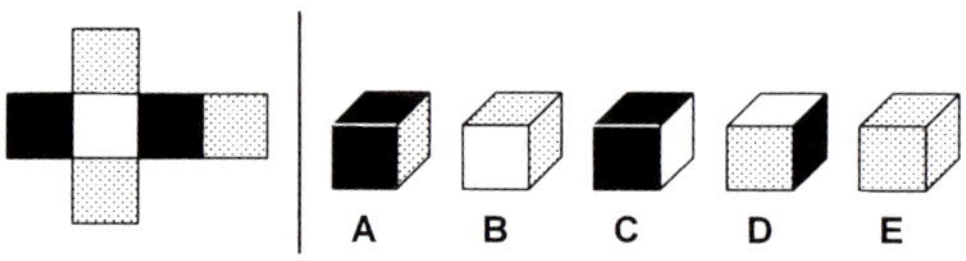

3
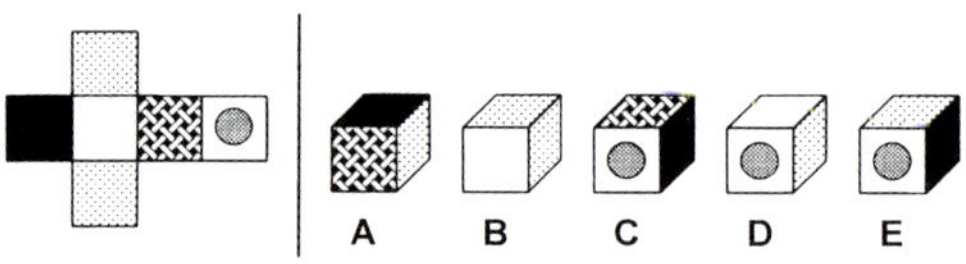

Auf die gleiche Art und Weise sollen Sie die folgenden Aufgaben bearbeiten. Nehmen Sie sich für die Aufgaben drei Minuten Zeit. Schalten Sie jetzt die Stoppuhr an und fangen Sie an!

Sind die drei Minuten um? Dann überprüfen Sie Ihre Lösungen!

Haben Sie die richtigen Lösungen gefunden? Haben Sie diese durch räumliches Vorstellen gefunden? Lesen Sie sich die folgenden Erläuterungen trotzdem durch, damit Sie die Lösungen vielleicht noch schneller finden!

Die richtigen Lösungen sind **1** B **2** D **3** E

Auswertung

1 Die Würfel C und E können sofort ausgeschlossen werden, da der richtige Würfel höchstens zwei graue und eine schwarze Seite haben kann. Würfel A scheidet aus, weil die grauen Seiten nicht nebeneinander liegen können. Würfel D kann nicht die Lösung sein, weil die Seiten, die an die schwarzen Seiten stoßen, abwechselnd weiß und grau sein müssen. B muss also die richtige Lösung sein.

2 Würfel A kann nicht die Lösung sein, weil die schwarzen Seiten nicht nebeneinander liegen können. Die Würfel B und C scheiden aus, weil an die weiße Seite nicht zwei benachbarte Seiten gleicher Farbe stoßen können. Würfel E kann ausgeschlossen werden, weil sich zwei der grauen Seiten gegenüberliegen müssen. Also muss D die Lösung sein.

---

3 Gehen wir zunächst von der schwarzen und der gemusterten Seite aus. Diese müssen gegenüberliegende Seiten sein. Also scheiden die Würfel A und C als Lösung aus. Weiter müssen sich die Seite mit dem Kreis und die weiße Seite gegenüberliegen, so dass auch D nicht die Lösung sein kann. Aufgrund derselben Überlegung für die grauen Seiten können wir B ausschließen. Die Lösung muss also Würfel E sein.

Weitere Lösungshinweise

Auch bei diesen Aufgaben können Sie also zwei Strategien anwenden. Sie können Ihr räumliches Vorstellungsvermögen einsetzen und sich vorstellen, wie der Würfel zusammengefaltet wird. Anschließend können Sie den Würfel gedanklich (im Kopf) drehen und mit den Antwortalternativen vergleichen. Sie können aber auch hier ein Ausschlussverfahren anwenden oder – das ist bei dieser Art von Aufgaben oft am effektivsten – ein Ausschlussverfahren mit räumlicher Vorstellung kombinieren. Achten Sie beim Ausschlussverfahren darauf, welche Seiten gegenüberliegen müssen und sich nicht berühren dürfen.

Sie können jetzt nochmals drei Minuten lang Würfelaufgaben bearbeiten. Schalten Sie die Stoppuhr an und beginnen Sie mit den Aufgaben!

Sind Ihnen die Aufgaben jetzt leichter gefallen? Überprüfen Sie die Auswertung Lösungen und vergleichen Sie Ihre Leistung mit dem ersten Durchgang!

4
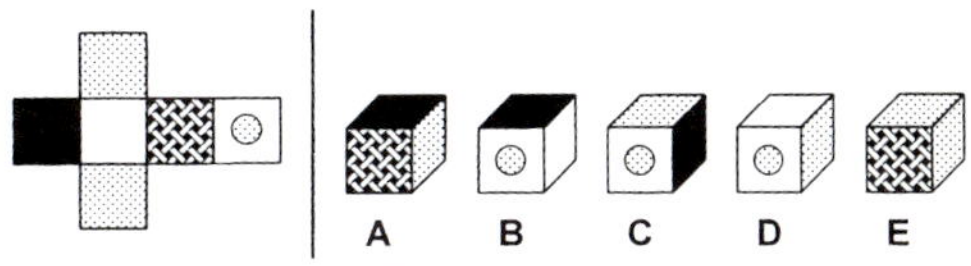

5
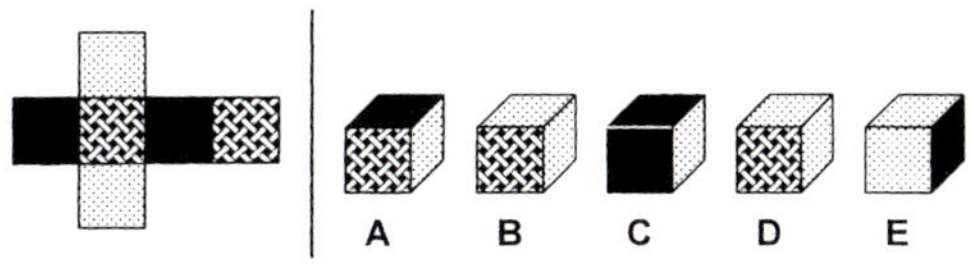

6
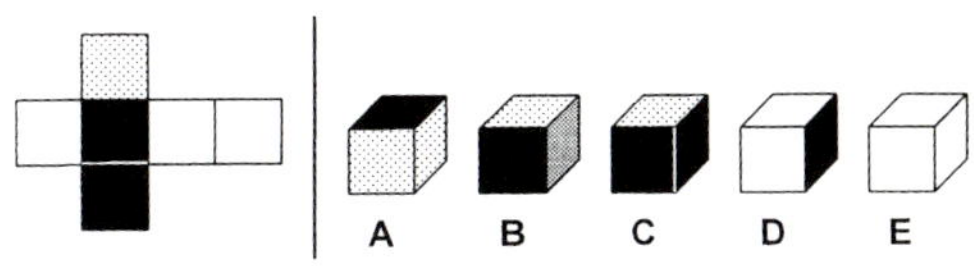

Die richtigen Lösungen sind
4 A **5** D **6** C

Tests zur sprachlichen Intelligenz

Verarbeitungsgeschwindigkeit: Wortvergleiche

Für die folgende Übung benötigen Sie einen Bleistift und eine Stoppuhr. In der Tabelle finden Sie Wortpaare. Prüfen Sie jeweils, ob das erste und das zweite Wort eines Paares dieselbe Bedeutung haben oder nicht. Streichen Sie die Nummern vor den Wortpaaren an, die eine verschiedene Bedeutung haben. Groß-/Kleinschreibung oder Druckfehler sollen Sie nicht beachten, lediglich ob die Wörter dieselbe Bedeutung haben. Im Gegenteil, lassen Sie sich durch die optischen Unterschiede, Einzahl/Mehrzahl oder Druckfehler in bezug auf »d« und »t« nicht verwirren! Bei dieser Aufgabe kommt es nur auf die Bedeutung der Wörter an, optisch sind die Wörter fast aller Wortpaare verschieden! Schalten Sie die Stoppuhr an und fangen Sie an! Arbeiten Sie so schnell Sie können! Und schalten Sie die Stoppuhr aus, wenn Sie fertig sind!

1 WoRt	WirT	**11** ZaUBERtrick	ZaUBERdreck
2 BauMStaMm	BauMStAmM	**12** GERAnien	GeronNEN
3 BrOTMesser	ROsTrnESSER	**13** Stuhllehne	StUhLlEhNe
4 Bratensaft	BRATENSAFT	**14** obHOchHaus	HochHäuser
5 hEruMlaUfeN	HerUmsAufEn	**15** OBERBAYERN	OBERBAUERN
6 Wurstsemmel	wurSTsEnF	**16** Schimmel	Schrammel
7 Schaffelle	SCHAffALLE	**17** SaGEBlart	SägeBLÄtte
8 New york	New York	**18** KrAUTsALaT	KrAuTsaLAt
9 FerNSeher	FarNSeher	**19** trÖDEln	flÖDEln
10 BanKhaUS	BanKmaUS	**20** BlUMenTopf	BlumenTroPF

21 mOdEn	HodeN	**36** HaFERStroh	HaFERStroh
22 FlUSSpferd	flussPFERD	**37** zWeRgTaNnE	ZwErGtOnNe
23 BüchERwUrm	BüchERtUrm	**38** PupPenLaus	PupPenHaus
24 EIgentLICH	EIgendLICH	**39** Bettstatt	BeTTsTaTT
25 BlOnDhAaR	bLeNdHaAr	**40** EiSeNbAhN	eIsEnBaHn
26 Farbstift	FaRbStIfT	**41** TeLEphoNE	tELEviSIon
27 JeansHEmd	JeanSHand	**42** HaNDtueCHer	HanDTuCh
28 Tafelspitz	Tafelspatz	**43** Holzauge	HolZlaUge
29 Theater	THEATER	**44** PfEFferKOrn	PfefFERKorn
30 HUtbanD	huTBANd	**45** WeiDENbäUme	WeiDenBAUm
31 BuCHrueckEn	BUChdruckeN	**46** FloßFahRt	FlußfaHrT
32 GoLDReif	ColDRIng	**47** FlASchENpost	FlaschENPoSt
33 Flamingo	FLAMINgO	**48** Mondsichel	MoNdSiChEl
34 FahRrAd	FahrRäDer	**49** ZaUbERer	ZAudeREr
35 Entenstroh	Entenbrot	**50** EnDsTaTiOn	ENdStAtIoN

Bei vollständiger und richtiger Lösung dieser Aufgabe hätten Sie die nebenstehenden Nummern anstreichen müssen:

Haben Sie sich durch die Groß- und Kleinbuchstaben irritieren lassen? Die ungewohnte Schreibweise mancher Wörter erschwert die rasche, automatische Verarbeitung natürlich beträchtlich.

Auswertung

1 - 3 - 5 - 6 - 7 - 9 - 10 - 11 -
12 - 15 - 16 - 19 - 20 - 21 - 23 -
25 - 27 - 28 - 31 - 32 - 35 - 37 -
38 - 41 - 43 - 46 - 49

Strategie für das Lernen von Wörtern

Beim Lernen sollte man die Wörter auf Ordnungsmöglichkeiten überprüfen

Sind Sie zufrieden mit Ihrer Leistung? Vielleicht können Sie sich beim nächsten Versuch noch steigern!

Sehen Sie sich aber zunächst das Blatt mit Ihren erinnerten Wörtern an. Kommt es öfter vor, dass Sie zwei oder mehrere Vögel, Gebäude, Städte (deren Fußballmannschaften in den Jahren 1982 bis 1996 Deutscher Meister wurden), Früchte oder Gefühlszustände aufgeschrieben haben? Oder ist Ihnen bereits beim Lernen aufgefallen, dass sich die zu lernenden Wörter diesen fünf Gruppen oder Kategorien nach Oberbegriffen zuordnen lassen?

Wenn man beim Lernen von Wörtern solche Ordungsmöglichkeiten ausnützt, kann man seine Gedächtnisleistung gewaltig steigern. Dazu müssen Sie erstens erkennen, ob überhaupt und in welche Gruppen bzw. nach welchen Oberbegriffen die Wörter eingeteilt werden können.

Zweitens ist es günstig, die Wörter getrennt nach Gruppen zu lernen.

Drittens müssen Sie sich natürlich merken, welche Gruppen dabei waren. In der Erinnerungsphase müssen Sie sich dann viertens überlegen, welche Gruppen Sie gelernt haben und welche Begriffe zu jeder Gruppe gehörten. Der erste Schritt ist dabei der schwierigste.

Sehen Sie sich die folgenden beiden Listen an und überlegen Sie, welche sich besser lernen lässt!

1	Sperling	Messer	Tür	Fink
	Gabel	Meise	Fenster	Löffel

2	Sperling	Messer	Tür	Leber
	Buch	Feldstein	Fahrrad	Parkett

Sicher haben Sie erkannt, dass sich Liste I eindeutig besser lernen lässt. Die Wörter von Liste 2 lassen sich nicht in Gruppen zu Oberbegriffen zusammenfassen.

Sie können jetzt noch einmal Wörter lernen und die Merkregeln anwenden. Um Ihnen das Einprägen mit Hilfe der vier Regeln zu erleichtern, sind die Begriffe bereits nach Oberbegriffen geordnet. Nehmen Sie sich für das Lernen wieder drei Minuten Zeit.

Brasilien	Lauch	Schraubenzieher	Elefant	laufen
Deutschland	Aubergine	Lötkolben	Zebra	rennen
Italien	Zwiebel	Kneifzange	Gnu	wandern
Uruguay	Fenchel	Hobel	Flußpferd	eilen
Argentinien	Karotte	Ahle	Lama	rasen
		Fuchsschwanz	Stachelschwein	schreiten

Sind die drei Minuten um? Decken Sie die Wörter sofort ab!

Zwischenaufgabe Jetzt kommt wieder eine Zwischenaufgabe mit Zahlen. Zählen Sie jetzt bitte drei Minuten lang in Dreierschritten rückwärts. Beginnen Sie mit 250, also: 250, 247, 244, …

Die gelernten Wörter Nehmen Sie jetzt wieder Bleistift und Papier zur Hand. Schreiben Sie alle Wörter auf, an die Sie sich noch erinnern können! Die Reihenfolge ist wieder egal. Machen Sie Schluss, wenn Ihnen nichts mehr einfällt.

Auswertung

Zählen Sie jetzt, wie viele Wörter Sie richtig erinnert haben. Vergleichen Sie dabei mit der Lernliste und verwenden Sie wie bei der ersten Gedächtnisaufgabe einen strengen Maßstab: Als richtig wird nur gewertet, wenn das von Ihnen aufgeschriebene Wort bis auf Rechtschreibfehler genau wie in der Vorlage lautet. An wie viele Wörter haben Sie sich erinnert? Falls Sie sich mehr als beim ersten Versuch merken konnten, geht es Ihnen wie den meisten Menschen: Wörter, die man geordnet lernt, kann man besser erinnern. Neben dem Ordnen gibt es natürlich noch mehr Tricks, um sein Gedächtnis zu verbessern. Beispielsweise können Sie versuchen, eine Geschichte zu den Wörtern zu erfinden oder die Wörter auf ungewöhnliche Art in der Vorstellung mit vertrauten Gegenständen zu verknüpfen. Sie könnten vielleicht die Begriffe verschiedenen Orten in Ihrer Wohnung zuordnen: An der Garderobe hängt ein Trikot des VFB Stuttgart, ein Eisvogel sitzt gegenüber dem Spiegel, Ihr Auto ist in der Toilette geparkt (Garage) usw.

Test zur Handlungsintelligenz

Wahrnehmung und Motorik: das Labyrinth

Der Labyrinth-Test stellt eine elementare Form der Kontrolle von Wahrnehmung und Motorik dar. Aufgabe ist, mit einem Stift so schnell wie möglich von einer Ausgangsposition (markiert durch einen Pfeil ➔) zu einer Zielposition (beschriftet durch »ZIEL«) zu fahren. Mit dem Stift wird die zurückgelegte Wegstrecke festgehalten. Dabei darf nur auf den vorgegebenen Straßen des Labyrinths gefahren werden. Die Schwierigkeit besteht darin, dass die Breite des Weges begrenzt ist – d.h. man darf die Begrenzungen nicht berühren oder durchfahren – und dass der richtige Weg, der zum Ziel führt, zunächst nicht klar ersichtlich ist. Unter Zeitdruck – eine Stoppuhr läuft mit – muss man ja mehrere Wege »im Geiste« durchlaufen, um den richtigen zu finden, und dann gleichzeitig mit dem Stift vorwärtsfahren, um nicht Zeit zu verlieren. Es ist nun nachvollziehbar, warum diese auf den ersten Blick so einfache Aufgabe komplizierte Verarbeitungsschritte unseres Gehirns erfordert. Jeder muss einen intelligenten Kompromiss zwischen Geschwindigkeit und Genauigkeit finden, um möglichst schnell und ohne Fehler ans Ziel zu kommen. Die Labyrinth-Aufgabe stellt Anforderungen an unsere sensomotorische Leistungsfähigkeit, in der sich Menschen unterscheiden können.

Für diesen Test braucht man zwei Personen, den Testleiter und eine Testperson. Die zu testende Person darf vor dem Test keinen Blick auf die Labyrinthe geworfen haben, sonst könnte sie schon einen Weg auskundschaften. Der Testleiter legt der Testperson die Kopie eines Labyrinths umgedreht auf den Tisch vor. Der Testleiter gibt das Kommando »los« und drückt auf die Stoppuhr. Die Testperson hat den Stift bereit in der Hand, dreht das Blatt Papier um, setzt den Stift an der Ausgangsstelle (am Pfeil) an und fährt so schnell es geht zum Ziel. Sobald sie das Ziel erreicht hat, wird die Zeit angehalten und auf dem Blatt notiert. Nach einer kurzen Verschnaufpause geht es aber dann gleich weiter.

Insgesamt werden drei Labyrinthe dargeboten. Das erste ist ein einfaches Labyrinth, die nachfolgenden sind schwieriger. Nachdem alle drei Labyrinthe durchfahren wurden, beginnt die Auswertung. Schon während des Tests muss der Testleiter die Leistung der Testperson genau kontrollieren. Auf zwei Dinge muss geachtet werden: An die Stelle, an der die Testperson im Labyrinth den Stift stoppt oder sogar kurz den Stift vom Blatt nimmt, muss der Testleiter ein kleines Kreuz zeichnen. Für die Auswertung gilt es, weitere Dinge zu beachten. Diese werden Ihnen nach Testende genannt. Die Testperson hat also neben Schnelligkeit auch auf Genauigkeit zu achten. Das heißt, der Stift darf nicht den Rand der Labyrinthe berühren!

1

2

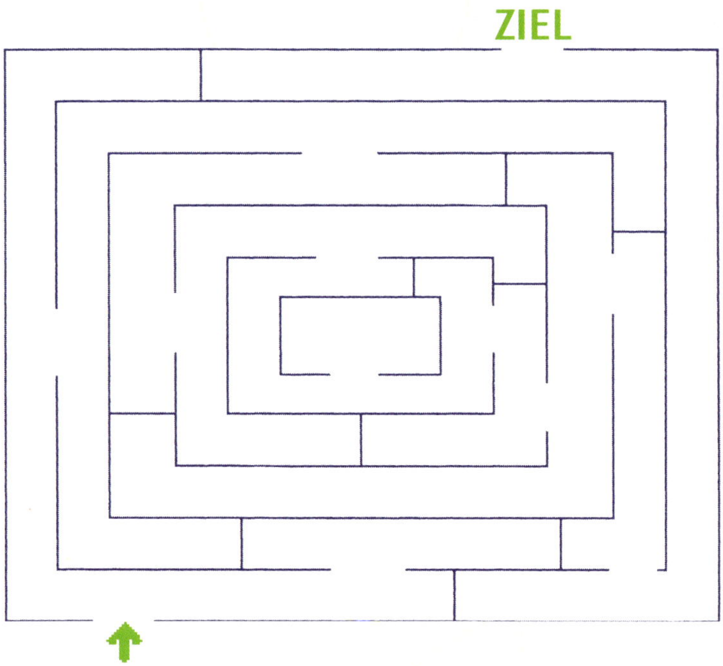

3

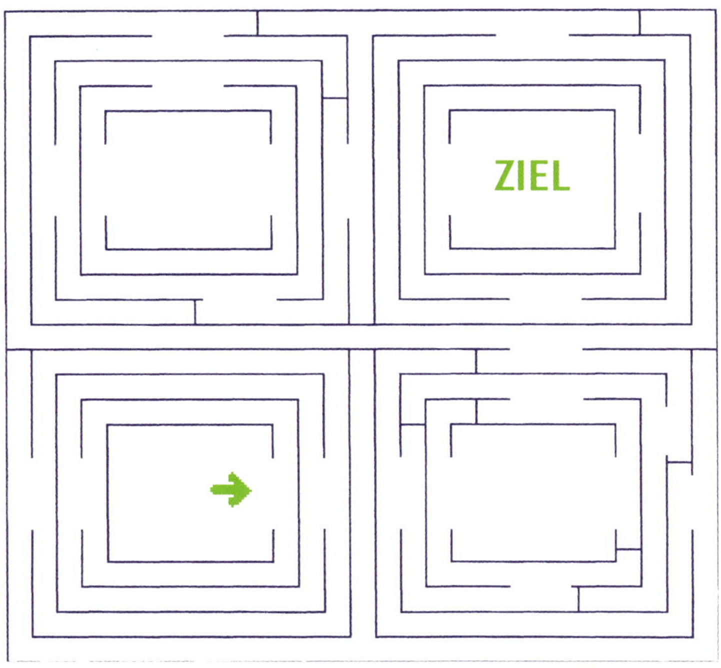

Awswertung

In die Auswertungstabelle können Sie jetzt mehrere Dinge eintragen. Zunächst die Zeit, die für das Durchfahren des jeweiligen Labyrinths benötigt wurde. Dann müssen Sie noch drei Fehlerquellen durchzählen und notieren: 1. Zählen Sie die Kreuze pro Labyrinth durch, die anzeigen, wie oft die Testperson ins Stocken kam. 2. Wie häufig wurde der schwarze Rand der Labyrinthwege berührt oder Ecken einfach überfahren? 3. Zählen Sie die Umkehrpunkte durch. Umkehrpunkte sind dort, wo die Testperson einen einmal eingeschlagenen Weg nicht fortsetzte und die Richtung umkehrte.

	Labyrinth **1**	Labyrinth **2**	Labyrinth **3**
Zeit			
Anzahl Unterbrechungen			
Anzahl Berührungen der Ränder			
Anzahl Umkehrpunkte			

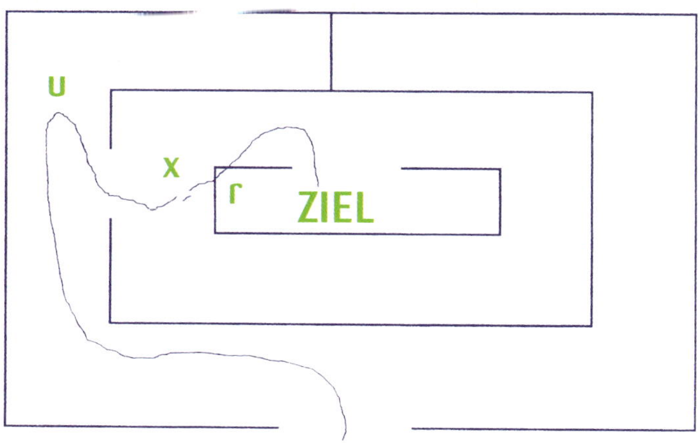

Beispiele für die Fehlerauswertung

x = Stift vom Blatt genommen oder gestoppt

r = Ränder berührt oder Ecken durchfahren

u = Umkehrpunkt

IMPRESSUM

Belenus
eine Tochter der DSV Deutscher Sportverlag GmbH
Im Mediapark 8
50670 Köln
www.sportverlag.de

2. Auflage

Fotos: Schwabe, Archiv DSV
Gestaltung: Weiss/Zembsch/Partner Werkstatt GmbH, München
Satz: Wilhelm Vornehm, München
Druck: Klingenberg Buchkunst Leipzig

Verlagsagentur Lianne Kolf
Tengstraße 8
80798 München
Tel. 089-39 90 59
E-Mail: litagkolf@t-online.de

ISBN 13: 978-3-937630-09-0
ISBN 10: 3-937630-09-0